Les Mystères du Monde Esotérique
(La Terrestre et L'Eternel)

Larisa SEKLITOVA
Ludmila STRELNIKOVA

Les Mystères du Monde Esotérique
(La Terrestre et L'Eternel)

Série : « Au delà de l'inconnu »

Illustration : **Simon Couvin**
Traduction : **Simon Couvin**

Edition : BoD - Books on Demand
12/14 rond-point des Champs Elysées
75008 Paris
Imprimé par BoD – Books on Demand, Norderstedt
*ISBN : 978-2-**3221-0349-2***
Dépôt légal : **Février 2018**

SEKLITOVA L.A.
STRELNIKOVA L.L.

Les MYSTÈRES DU MONDE ÉSOTÉRIQUE

Seklitova L.A., Strelnikova L.L., 2007.

MYSTÈRES DU MONDE ÉSOTÉRIQUE. Série
"Au-delà de l'inconnu".

Ce livre présente au lecteur les causes cosmiques de l'apparition sur la Terre des gauchers, des somnambules, de la dyslalie; il relate les particularités du développement de la Nature, les mystères des noms cosmiques, l'influence de l'alcool sur la vie humaine, la possibilité de revenir dans le passé, et il parle également des subtilités de la relation de l'élève avec son Enseignant céleste.

Introduction

Dans ce livre, le lecteur découvrira beaucoup d'informations nouvelles et surprenantes relatives à son âme, sa vie et sa mort, sa liaison avec l'Enseignant Céleste et Son influence sur la vie de son élève. Il trouvera également les détails lui intéressant concernant les subtilités de l'influence du comportement humain sur sa vie actuelle et future, concernant les Juges, rendant la justice dans les cieux. Le lecteur verra sous un aspect nouveau la construction et le progrès de la Nature, le nom cosmique et il connaîtra le lieu de l'âme dans l'espace.

Les pages du livre révéleront les secrets qui, pendant des siècles, étaient incompréhensibles à l'homme parce qu'il examinait le phénomène du point de vue tridimensionnel du monde terrestre. Seule la séparation de la mondanité et l'envol inspiré dans les hauteurs divines ont autorisé à voir nous-mêmes et nos pareils de l'extérieur à la lumière réelle et à comprendre ce qui semblait le mystère du comportement humain, la folie, une sorte de déviance psychologique. Nos informations permettront aux lecteurs de tout mettre à sa place.

Certains mystères sont révélés pour ouvrir la voie à d'autres mystères, plus complexes et fascinants. Le monde est infini et avec la découverte de plusieurs énigmes il ne peut pas devenir moins intéressant et moins attrayant.

La connaissance accumule les forces de l'homme et lui permet de monter de plus en plus haut. Par conséquent, chaque question de lecteur désireux de connaître le mystérieux et l'incompréhensible est une idée audacieuse permettant de pénétrer à l'intérieur des constructions mystérieuses et en même temps de s'élever au-dessus de sa propre ignorance et son esprit étroit.

Donc, ce livre est dédié à ceux qui cherchent sans relâche à avancer, en fonçant les jungles de structures de mondes complexes et les dogmes de théories établies et multiséculaires.

- - -

Avant-propos

Ce livre est consacré aux réponses des auteurs aux questions des lecteurs relatives à de divers sujets. Par conséquent, les textes sont construits sous forme de questions et de réponses. Cela permet de révéler le fond du phénomène sous une forme assez laconique sans entrer dans des descriptions diffuses de ses liaisons et ses interactions avec le général. C'est une sorte de cognition à petites doses. Cependant, cette imprégnation de concepts favorise l'accumulation des idées globales de l'élève sur la vraie construction du monde.

La conversation avec le lecteur permet de révéler de nombreuses subtilités dans le développement des sujets exposés dans la série de nos livres "Au-delà du non découvert". Leurs questions, apportant des éclaircissements sur le matériel lu, contribuent à l'élargissement et à l'approfondissement du sujet, et parfois aident à découvrir quelque chose de nouveau et à compléter la série en jetant la lumière sur des secrets suivants de l'Espace. Les questions des lecteurs élargissent les horizons et rendent les connaissances sur le sujet examiné plus complètes.

* * *

A QUOI SERVENT LES GAUCHERS

Question: Le dernier temps, au 20ième siècle, de nombreux gauchers sont apparus. Par quoi ce phénomène a-t-il été causé ? Pourquoi de plus en plus de gens veulent-ils écrire et travailler avec la main gauche au lieu de la droite ?

Réponse: Cela fait déjà quatre cents ans que les Suprêmes ont remarqué que l'hémisphère gauche des gens avait reçu le développement de priorité et l'hémisphère droit restait inactif ou était très peu utilisé, bien qu'ils aient dû se développer en synchronisme. En outre, l'homme développait mal son cerveau, en général, seulement à 3-6 pourcents, sans compter les individus isolés. Par conséquent, les Suprêmes ont décidé d'essayer d'engager autant que possible l'hémisphère droit, c'est-à-dire de changer l'orientation droite de l'homme qui lui est habituelle pour celle de gauche. À cette fin, la connexion d'une série expérimentale de personnes a commencé à se réaliser dans l'ordre inverse - vers l'hémisphère droit, en faisant de la main droite celle de travail.

De cette façon, les Suprêmes examinent comment les actions réalisées par la main gauche affecteront le développement de l'hémisphère droit, et à combien de pourcents il sera possible d'accroître son efficacité. Les études continuent. Si l'expérience réussit ils rendront de travail les deux hémisphères à l'aide des programmes spéciaux afin d'accélérer le perfectionnement des gens et l'homme sera en mesure de travailler à parts égales tant avec sa main droite, qu'avec la main gauche. Mais c'est ainsi que cela devait être lors du progrès réussi de l'humanité. Et si cette dernière n'avait pas été autant retardée dans son développement (le cerveau devait être développé de 50% vers 2000), les deux hémisphères auraient dû être engagés à parts égales.

Les Suprêmes prêtent attention à l'activation de l'hémisphère droit, car il influence le développement de certaines qualités de l'âme humaine. Par conséquent, le fait qu'il fonctionne mal, affecte négativement le processus de perfectionnement de l'âme.

CAUSES DE LUNATISME

Question : Pourquoi le somnambulisme survient-il chez certains gens pendant la pleine lune ? Ils se réveillent dans la nuit, ou plutôt se lèvent, et d'une manière inconsciente sans voir ou sans entendre quoi qu'il en soit dans le monde réel sortent de la maison, cheminent n'importe où, peuvent marcher au-dessus de la palissade, sur le faîtage du toit au risque de la vie, puis rentrent chez eux, s'endorment et ne se souviennent de rien. Qu'est-ce que c'est ? Pourquoi l'homme a-t-il besoin du somnambulisme?

Réponse : La lune affecte de façon différente plusieurs personnes : elle inspire chez les uns la créativité, la rédaction de la poésie, elle éveille la nature basse chez les autres, elle n'affecte pas du tout beaucoup d'entre eux. Tout cela est lié aux différents niveaux de développement de l'âme et à leurs programmes.

En ce qui concerne le somnambulisme, dans ce cas, le mécanisme de contrôle automatique d'une personne est perfectionné sur les «somnambules». L'individu perd complètement la conscience, sa propre volonté. Il se transforme en une machine fonctionnant à la commande automatique, qui est effectuée à distance. Mais cette distance est très importante.

L'homme est contrôlé soit par son Déterminant personnel soit par une autre Personne Supérieure, qui se trouve au moment de l'expérience sur la Lune. Nous savons que dans le monde subtil de la Lune il y a une certaine base, une ville entière effectuant un certain travail avec la Terre, y compris réalisant les expériences qui leur sont confiées par les Suprêmes étant dans la hiérarchie de Dieu. Il y a aussi les Substance qui font le travail technique. Certains d'entre eux dirigent les flux d'énergie entre la Terre et la Lune. Puisque la Lune est donnée à la Terre pour établir un certain équilibre énergétique. À son intérieur, il y a des installations d'un plan subtil qui capturent les énergies venant de la Terre, ou au contraire qui lui envoient d'autres types d'énergie.

Mais les Individus, qui travaillent avec des personnes somnambules, participent au projet «Amélioration de la gestion des humains par les Supérieurs». Et les «somnambules» montrent qu'un tel contrôle est possible sous certaines conditions de l'environnement existant. L'objectif des Supérieurs est de mener l'élève sain et sauf sur le parcours compliqué à travers toutes les barrières. C'est pour cette raison que l'heure choisie est la nuit où tous les autres dorment et ne peuvent pas empêcher le somnambule de réaliser les actions planifiées. Et ils y réussissent.

Le somnambulisme prouve complètement que le corps humain est une machine biologique avec la télécommande. Grâce aux résultats positifs obtenus lors des expériences avec une catégorie des personnes appelées somnambules, de nombreuses vies ont été sauvées. Par exemple, les personnes en état d'ivresse alcoolique totale, ne comprenant rien et ne se souvenant de rien, roulent sur l'autoroute sans un seul accident et ne se heurtent à personne. Il y a eu toute une multitude de cas pareils. Et quand un tel chauffeur, étant dans un état second, rentrait chez lui en toute sécurité et sans une égratignure, il tombait immédiatement au seuil complètement déconnecté.

Les épouses de ces conducteurs malheureux ou tout simplement des ivrognes qui sont rentrés dans un état d'inconscience, en passant en toute sécurité des voies ferroviaires et d'autres routes entrecroisées, s'étonnaient qu'ils étaient restés sains et saufs. Cependant, l'absence d'accidents a été attribuée à l'habileté des conducteurs prétendument portée à l'automatisme, et en partie cela est vrai. Il est possible de parler de deux variantes. Chez les uns c'était la qualité portée à l'automatisme qui fonctionnait, chez les autres c'était le Déterminant, c'est-à-dire l'Enseignant céleste du conducteur, qui intervenait dans les actions.

Dans ce dernier cas, le même système d'autocommande que chez les somnambules fonctionne. Le Déterminant transformait son élève en machine qu'il contrôlait automatiquement de ses hauteurs. L'élève devait réaliser à tout prix son programme de vie sans l'interrompre avant l'heure par un accident et sans créer le karma. L'Enseignant ne peut pas influencer de force le choix de son élève - boire ou ne pas boire - mais il doit lui assurer sa sécurité et conserver sa santé afin qu'il ne soit pas frigorifié sur la route ou qu'il ne se heurte pas à une autre voiture. Par conséquent, de ses hauteurs, il doit conduire la voiture lui-même à travers l'élève qui est en état inconscient et mener sur la route sans accidents. Il le fait tout pour que son élève continue à réaliser son programme de vie, si les situations telles que la mort dans un accident n'y sont pas prévues.

Beaucoup de conducteurs en état d'ivresse ont été sauvés grâce à la connexion ajustée du contrôle automatique de l'homme lorsque sa conscience ne fonctionnait pas. Et combien de victimes ont été évitées grâce à la gestion d'un homme par d'en haut. C'est-à-dire, les victimes n'ont pas été prévues dans les programmes de la vie de ces personnes et l'Enseignant céleste a aidé à remplir cette condition. Cependant, nous le répétons, il ne peut pas interdire à son élève de boire. C'est son choix. Bien que l'influence sur le choix se produise de deux façons:

1) l'Enseignant positif punit son élève après un choix incorrect par des situations difficiles ou par un mauvais état de santé;

2) et le Diable séduit l'homme de sorte qu'il, au contraire, choisit la tentation et l'essaie.

Mais, en revenant au somnambulisme, il faut encore ajouter que ce projet permettra d'améliorer le contrôle de l'homme de la sixième race. Dans ce projet, ce qui est important c'est l'exactitude de détection des impulsions à l'action envoyées par le Déterminant à l'homme.

Les somnambules marchent la nuit parce que, d'une part, l'énergie solaire n' « efface » pas les impulsions venant d'en haut; et, d'autre part, la nuit, en général, il n'y a pas dans les rues d'autres personnes qui pourraient empêcher l'expérience.

Le lien entre l'humain et le Déterminant s'améliore constamment et ne reste pas à la phase finale. On a travaillé et on travaille constamment d'en haut sur son amélioration. L'envoi d'un message d'un monde à un autre n'est pas une chose aussi simple. L'homme n'imagine même pas à quel point tout cela est vraiment compliqué.

DYSLALIE

Nous regardons souvent les émissions télévisées sur des phénomènes inhabituels et incompréhensibles aux gens, nous regardons leur réaction à tels ou tels faits, nous observons ce qui est perçu correctement et ce qui est déformé.

Au cours d'une des émissions sur les personnes qui se rencontrent avec des extraterrestres, un garçon de 10 à 11 ans a été présenté au public. A partir de l'âge de trois ans, il s'est montré d'une façon extraordinaire : il connaissait déjà l'alphabet entier, étant âgé d'un an, il déclarait que son âme avait apparu il y a un million d'années sur Mars où il a suivi le développement principal, et maintenant il est envoyé sur la Terre avec une mission spéciale. C'est la première fois qu'il est ici. L'enfant a également confirmé que la Terre serait « engloutie par l'eau». Nos livres y font aussi référence, mais je pense qu'il ne les a pas lus à cause de son petit âge. Il connaît simplement la même chose que nous, et CEUX qui sont d'en haut et qui ont planifié cet «engloutissement». Le garçon n'a pas précisé quand, mais cette catastrophe se passera au cours d'une longue période et par étapes. Cependant maintenant il ne s'agit pas de cela mais du garçon de Mars et de la réaction du public à lui. (Au fait, ce n'est pas pour la première fois que nous entendons la même affirmation de la part des enfants, donc nous pensons qu'il y a beaucoup de telles âmes ici).

Quand il répondait aux questions du public adulte, il y avait une chose qui sautait aux yeux. Malgré son développement, il ne parlait pas purement, il ne prononçait pas la lettre «r», autrement dit, il avait une mauvaise prononciation et une mauvaise diction. Cela a suscité aux professeurs et aux psychologues qui l'écoutaient les doutes de sa particularité et de ce qu'il avait suivi la voie de million d'années.

Et d'ailleurs, **la mauvaise maîtrise de l'oral** (ou toutes les particularités de l'écrit, l'écriture épouvantable, des erreurs) **avec une intelligence développée est justement une confirmation du fait que l'âme du garçon est sur la Terre pour la première fois.**

De nombreux êtres se communiquent par télépathie ou par une autre manière: par lumière, par impulsion et autres. Le discours verbal associé aux lettres n'existe pas chez eux, ainsi que l'écriture. Ils ne sont inhérents qu'aux terriens (il y a, en effet, plusieurs planètes avec un discours verbal similaire, mais leurs âmes maîtrisent librement celui de

12

la Terre). Par conséquent, le garçon communiquait précédemment avec les autres d'une manière télépathique ou autrement, et il n'était pas familiarisé avec la forme de communication verbale. Dans le monde terrestre, son âme apprend pour la première fois la matrice des mots. Nous savons que cette dernière est présente dans les constructions subtiles de l'homme. Chez le garçon de Mars, cette matrice est encore vide par rapport aux âmes qui se sont réincarnées sur la Terre à plusieurs reprises et maîtrisaient à maintes fois le langage humain.

Cela concerne d'autres âmes cosmiques, réincarnées pour la première fois sur notre planète. Ils apprennent eux-aussi pour la première fois la matrice des mots, donc ces gens peuvent avoir des défauts de l'oral ou même souffrir de la dyslalie. Autrement dit, leur matrice des concepts peut être très bien développée, puisqu'ils ont travaillé avec elle dans le passé, et la matrice des mots est une construction qui n'est utilisée que par les humains, donc les âmes cosmiques doivent la maîtriser pour la première fois à partir de zéro.

Ils peuvent ne pas prononcer certaines lettres, déformer certains digrammes, mais en même temps elles seront très développées intellectuellement. Et cette combinaison de l'intellect avec une mauvaise expression orale de la pensée fait réfléchir si une telle âme est pour la première fois sur la Terre.

Cependant il faut distinguer ces âmes cosmiques des âmes karmiques, auxquelles le défaut du langage est donné comme punition. Elles peuvent elles-aussi ne pas prononcer la lettre "r" et certaines autres lettres, grasseyer, zézayer, etc. Pourtant les âmes cosmiques peuvent se distinguer des âmes karmiques terrestres selon les deux points suivants.

Tout d'abord, selon leur intelligence. Les âmes karmiques sont en général faiblement ou moyennement développées, vicieuses, elles ne diront jamais qu'ils sont venus d'une autre planète, puisqu'ils n'ont pas de tels souvenirs. Et les âmes cosmiques sont souvent caractérisées par un comportement exemplaire ou étrange, ils se tiendront à l'écart de leurs pairs et se comporteront toujours d'une manière différente que les autres.

Deuxièmement, les âmes karmiques sont souvent grossières, indiscrètes, agressives et les âmes cosmiques sont délicates, calmes, bienveillantes, il est difficile de provoquer leur contre-agression. Les âmes karmiques passent habituellement un parcours assez long sur la Terre, donc elles peuvent être très bavardes, ce qui est parfois perçu comme éloquence. Cependant, tout ce qu'elles disent n'est qu'un récit habituel vide. En général, elles se distinguent par un esprit faible, elles maîtrisent difficilement des connaissances, et plusieurs âmes ne sont pas du tout capables de comprendre quelque chose de nouveau compte tenu leur intelligence limitée.

C'est par les qualités de l'âme, par l'intellect, par ce qu'elles disent et par leur style de comportement qu'il est possible de distinguer les âmes cosmiques karmiques d'êtres humains peu développés.

SCEPTRE DE PHARAON

Question: Dans quel but les pharaons tenaient-ils constamment le sceptre dans leurs mains? Qu'est-ce qu'il exprime?

Réponse: Le sceptre est un symbole de pouvoir et de puissance. Mais auparavant, il exprimait cela pas seulement d'une manière purement symbolique, mais il véhiculait directement en lui-même une force mystérieuse.

Les premiers sceptres ont été fournis aux pharaons par des aliens. Ils venaient dans un monde agressif, donc ils se servaient des moyens techniques de protection. Les gens les voyaient tenir dans leurs mains des «bâtons» de couleur argentée. Les aliens les utilisaient comme arme de défense. Les «bâtons» émettaient certains rayons paralysant la volonté des personnes et des animaux agressifs.

Les gens ne remarquaient pas le rayonnement, mais ils voyaient le résultat - la chute de l'homme, sa destruction ou sa neutralisation, et cela les étonnait. Ne comprenant pas le mécanisme de leur action, ils considéraient les « bâtons » comme objets miraculeux. Les gens essayaient également d'obtenir de tels moyens d'influence sur leurs pareils, mais les aliens ont confié ces armes uniquement aux pharaons qui devaient protéger leur pouvoir. A cette époque, la communication s'effectuait au niveau de représentants du pouvoir, et pas de gens ordinaires, ne s'y connaissant rien et ne comprenant rien. Le niveau de développement des pharaons était généralement toujours plus élevé que celui des gens ordinaires, alors ils comprenaient ce que les âmes ordinaires ne comprenaient pas.

Mais les aliens ont donné aux pharaons une autre configuration de "bâton" que celle qu'ils utilisaient. Il a été fabriqué à la base de certains matériaux capables de concentrer l'énergie psychique d'un homme. Et puisque les pharaons étaient d'un plus haut Niveau, ils avaient un potentiel d'énergie dominant en comparaison avec tout autre homme. Leur propre énergie, son excédent lors de leur travail se concentraient dans ce sceptre et ne s'anéantissaient. Leur énergie personnelle et l'énergie accumulée en plus créaient un potentiel puissant, et comme un potentiel puissant comprime des âmes avec un faible potentiel, les gens ordinaires obéissaient sans répliquer à leurs seigneurs. Les pharaons comprimaient un homme par leur propre énergie psychique, et le sceptre y aidait. Donc, il n'était pas seulement un symbole, mais il leur apportait de la force supplémentaire, de la puissance à condition de la bonne fabrication.

La connaissance de la bonne fabrication d'un tel sceptre n'a été héritée que lors des relations confidentielles. Cependant pas tous les Pharaons ne transmettaient les secrets de sa fabrication à leurs successeurs, car plusieurs entre eux usurpaient le pouvoir par la force et la perfidie. Par conséquent, ces successeurs ne savaient pas comment construire correctement ce sceptre et à la base de quels matériaux. Lors de leur fabrication toutes les proportions et toutes les dimensions devaient obligatoirement être observées. Mais, en imitant les successeurs, ces pharaons faisaient leurs propres sceptres d'une manière fausse, et tels sceptres portaient déjà un caractère purement symbolique.

De telles connaissances étaient considérées comme secrètes. Elles n'étaient confiées qu'aux adeptes. Plus tard, elles ont été transmises aux rois et aux autres porteurs de pouvoir, et les Suprêmes étaient intéressés à une telle diffusion. Plus tard les matériaux et les formes extérieures des sceptres ont commencé à changer, puisque l'énergie, avec laquelle un homme travaillait, changeait et le matériau, qui conservait bien un type d'énergie, ne pouvait pas tenir les énergies d'autres types. L'un des meilleurs accumulateurs de l'énergie psychique était l'or et certaines variétés de pierres précieuses, c'est pour cette raison que plusieurs sceptres étaient faits en or avec des incorporations de certaines pierres précieuses. Les sceptres se perfectionnaient, mais plusieurs étaient des accessoires simples.

LES AMES DES VIRUS, DES ATOMES

Question: Est-ce que des virus, des bactéries, des atomes ont une âme?

Réponse: Oui, tout ce qui se rapporte aux formes vivantes a une âme, c'est-à-dire une matrice. Ce sont seulement des mécanismes, des hologrammes, des constructions artificielles, créées pour une utilisation temporaire, qui ne l'ont pas. Les microbes, les bactéries sont de petites formes de vie, et, par conséquent, l'homme a l'impression qu'ils sont si simples dans leur structure qu'ils sont constitués d'une seule cellule et n'ont rien d'autre, y compris qu'ils ne peuvent pas avoir d'âme. Pourtant ils ont une constitution subtile, tout comme un homme: ils ont une enveloppe subtile, une matrice de l'âme et une matrice du temps.

Ils agissent tous selon le programme, qui est généralement orienté au travail avec les énergies d'autres types, leur régulation en termes qualitatifs. Autrement dit, en pénétrant dans l'organisme humain ou animal, les microbes et les bactéries commencent à y absorber soi-disant l'énergie « sale », en la transformant dans un spectre plus élevé et en envoyant l'énergie purifiée de cette manière dans ce Système de Hiérarchie médicale avec laquelle ils sont liés dans leur activité. Les microbes et les bactéries vivent dans les organismes qui produisent de bas types d'énergie suite au mode de vie incorrect. En les absorbant et en les traitant, ils débarrassent d'autres organismes des énergies basses.

Les saints et les prêtres qui travaillent avec de hautes énergies, n'ont pas de nombreuses maladies en raison du fait que les microbes et les bactéries ne peuvent pas exister dans la zone de haute énergie, que leur organisme accumule lors des prières. (Mais le clergé souffre d'un certain nombre d'autres maladies qui ont d'autres racines). Ainsi, les microbes et les bactéries sont eux-aussi êtres vivants créés pour régler les énergies dans d'autres formes de vie, donc, ils ont eux-aussi une âme, c'est-à-dire une matrice et une certaine structure subtile.

En ce qui concerne les atomes et les particules élémentaires de la matière physique, l'homme les considère comme les particules sans âme qui forment le monde autour d'eux, perçu comme le monde qui n'est pas spiritualisé. Mais si, par exemple, le corps humain physique est constitué des cellules vivantes, la matière physique doit être composée des unités élémentaires spiritualisées, puisqu'elle (la matière physique) fait partie intégrante de la Nature vivante.

Nous partons du fait que nous existons dans le cosmo-organisme spirituel énorme - la Nature, donc elle doit également être formée des composantes spirituelles. Bien sûr, elle contient beaucoup de structures temporaires et pas spiritualisées, mais des particules élémentaires sont créées par le Système matériel suprême comme spiritualisées à condition que ces microcomposantes se développent et évoluent, puisque ce qui est mort et qui ne se développe pas ne peut pas former ce qui est vivant, alors il est évacué de ce dernier comme des déchets.

La matière physique a sa propre hiérarchie, c'est-à-dire les Niveaux de développement. Par conséquent, les particules élémentaires sont créées à condition qu'elles se développent et passent jusqu'au bout toute leur hiérarchie, après quoi elles seront transférées à une autre hiérarchie, déjà énergétique, et continueront leur perfectionnement sous une nouvelle forme d'existence. Donc l'atome a également une matrice spirituelle.

Question: Est-il possible de nommer la plus petite nature vivante qui possède une matrice?

Réponse: Pour la matière physique de notre Niveau, ce sont des particules élémentaires. Mais si nous prenons comme exemple les mondes énergétiques, il est presque impossible de citer une telle nature, puisque ces mondes s'étendent à l'infini tant à l'extérieur de l'univers qu'à l'intérieur en diminuant sans limites. Donc, nous devons toujours nous limiter par le cadre conventionnel.

Question: Dans un de vos livres il est dit que le rocher a une monade. Et s'il s'effondre lors d'une explosion à mille morceaux et grains de sable, alors l'âme s'implante tout de suite dans chacun d'entre eux? D'où viennent-elles en telle quantité, de quelles réserves?

Réponse: Ce processus est automatique. Le rocher, la montagne sont initialement orientés dans leur développement à la fragmentation, la transition de la masse totale à une multitude de formes isolées et particulières. Et son programme y travaille. Pourquoi la montagne apparaît-elle en général? Parce que la matière physique de la planète, ainsi que de l'homme, change selon sa « génétique », et chaque élément de sa construction: le rocher, la montagne, les plaines, la mer, etc. - apparaissent au moment approprié selon le programme de développement de la planète. De façon similaire à l'homme, chez qui tous les organes internes, leur taille et leur croissance sont fixés par le programme du code génétique du corps, la taille et la durée de l'existence de chaque composante de la Terre sont spécifiées par le programme.

De ce fait, conformément au but de son existence ou de son développement, le rocher est construit d'une façon nécessaire à la planète. Le rocher, en tant que certaine construction matérielle, n'est capable de s'effondrer que selon un certain schéma, qui est fixé par le programme de développement de la matière solide de la planète. (Si l'eau est une autre matière, elle ne se "brise" pas en morceaux, mais s'évapore. Les vapeurs constituent ses composantes minimales. Dans son programme, la division en mini-unités se passe différemment que celle de la matière solide).

Les constructions subtiles du rocher initialement sont également orientées aux processus spécifiés. Toutes ses composantes suivent le programme général de cette forme (montagnes, rochers) et obéissent à la «conscience collective». Mais quand elles commencent à se séparer du rocher, elles continuent de rester sous l'influence de sa monade jusqu'à ce qu'elles soient entièrement reformées afin d'exister indépendamment.

Si, par exemple, le corps d'un homme se désintègre après la mort, et des enveloppes subtiles temporaires se séparent de lui selon le programme donné, alors pourquoi une telle séparation des structures subtiles de la matière physique ne peut-elle pas se produire dans d'autres formes? La destruction du rocher s'effectue également selon le programme (elle ne se disperse pas immédiatement en grains de sable, ce processus est très long), de sorte que les morceaux ont le temps de se transformer et d'intégrer la nouvelle matrice.

Avec chaque morceau ou grain de sable de la matière brute du rocher la partie nécessaire de la structure subtile sera séparée de celui-ci conformément au programme. Ce processus est automatique. La matière reste la même, mais elle génère des mini-formes, qui sont spiritualisées par des matrices, et ces mini-formes continuent d'exister dans ce monde d'une façon indépendante. Le même phénomène se passe avec la matière organique. Par exemple, si un ver est coupé en deux ou trois parties, chacune d'entre elles commencera à exister indépendamment, en se régénérant en un individu séparé, et chacune sera une individualité différente. Mais jusqu'à ce que cette partie soit préparée à une vie indépendante, elle sera sous le contrôle de la monade primaire du ver. Seules les parties qui se réformeront fonctionnellement pour l'existence indépendante et ne périront pas, seront dotées d'une matrice séparée. Ainsi, les Créateurs Suprêmes de la matière ont tout prévu.

Et quant au «réserve» pour ces âmes, il existe en réalité et il contient un tel type de matrices, comme pour les êtres et les formes vivantes. C'est le quatrième type de matrice. Il est universel, il convient aux plus divers états et formes. Nous avons écrit à propos d'elles dans le livre «La structure énergétique de l'homme et de la matière», chapitre 4.

Lors du processus naturel de destruction, la séparation des morceaux du rocher se passe très lentement et les pierres ne sont pas si nombreuses. C'est pour l'homme qu'un million est une quantité énorme, mais pour les Individus Suprêmes éternelles ce n'est rien, car elles contrôlent une telle quantité d'âmes de toute sorte que l'homme ne peut même pas imaginer, parce qu'il n'est pas fort en mathématiques et il a même peur d'un trillion.

Si un rocher se fait sauter, ce qui peut se produire uniquement selon le programme, il est donc déjà prévu à l'avance ce qui arrivera avec ses composantes. Si, par exemple, les morceaux de marne se brésillent jusqu'à une masse pulvérisée, cette dernière a également la monade qui réunit ensemble toutes les particules grâce à d'autres fonctions et propriétés de la matière.

Le corps humain est constitué également des atomes spiritualisés de diverses matières chimiques. Ils sont indépendants et ils vivent leur vie dans le corps humain, tout en respectant strictement le programme de développement du corps donné, en se transformant selon la logique et l'ordre exigés par ce programme. Et quand le corps meurt, les atomes passent de nouveau à l'état libre dans le sol et y restent jusqu'à ce que d'autres programmes les impliquent.

Pourtant pour comprendre en détail comment la conscience collective passe à la conscience particulière et la particulière - à la conscience collective d'une qualité différente, il faut l'étudier en profondeur dans toute la variété de ses espèces, car elle n'est pas isolée. Par exemple, la colonie de fourmis travaille aussi comme conscience collective, mais elle agit d'une manière différente que, par exemple, une troupe d'oiseaux ou un banc de poissons.

CHAPITRE 2
SPIRITUALISATION

La spiritualisation continue à attirer notre attention, et bien que ce soient des pro1cessus extrêmement éloignés de nos et il soit difficile de trouver des concepts qui sont communs pour la compréhension entre le Monde Suprême et le Monde Intérieur, l'esprit humain pénètre à travers le voile des secrets à ce sujet et trouve parmi des ambiguïtés isolées les précisions, complétant ce qui est déjà connu.

Le lecteur demande parfois sur ce qui est incompréhensible ou doute de ses propres conclusions, mais la question, qui nous est posée, ouvre soudainement les nouveaux détails intéressants sur la vie de Dieu et des Individus Suprêmes. Et c'est aussi le cas cette fois-ci.

Question: Pourquoi le Dieu ne peut-il pas être matériel? Et comment alors comprendre le fait qu'il a des univers matériels?

Réponse: La matière physique est un Niveau bas de développement de la même énergie, c'est-à-dire la matière est un spectre bas d'énergie subtile, son dérivé.

Le Dieu ne peut pas être matériel à l'heure actuelle (et il ne peut pas déjà se matérialiser en aucune façon sous la forme d'un homme) puisque sa propre énergie créant un énorme potentiel ne peut pas être conservée pas seulement par notre matière physique, qui est plus basse, mais aussi par la matière supérieure, qui existe dans la hiérarchie de la Matière. La matière physique supérieure ne peut pas s'approcher du Dieu même à une distance relativement proche, puisque l'énorme potentiel énergétique du Dieu l'incinéra.

Cependant, comme nous le savons, chez le Dieu dans ses mondes constructifs il y a des mondes matériels. Mais ils sont éloignés de Lui à bonne distance et ils sont protégés de Son potentiel énergétique par plusieurs enveloppes de protection diminuant et répartissant Sa puissance en fonction du Niveau de l'énergie à laquelle le passage potentiel et puissant est réalisé.

Les mondes matériels ne sont pas éternels pour le Dieu et ils ne sont qu'un moyen de cultiver les âmes et d'acquérir par Lui-même certaines qualités énergétiques. Et si les gens considèrent cette matière comme partie du Dieu, alors c'est loin d'être le cas.

Question: Quelle est la différence entre la Nature qui est entrée dans le volume de Dieu et le Dieu Lui-même? Et le suivant n'est pas aussi clair. La Nature qui est passée la hiérarchie du Dieu, n'élabore «qu'une miette» d'énergie spirituelle. Mais elle a le choix: après l'achèvement de ce cycle, elle peut s'engager dans la voie indépendante ou se joindre au Dieu. Mais comment pourra-t-elle, avec cette «miette», spiritualiser les matrices et créer des âmes pour elle-même? Peut-elle devenir Dieu, en possédant une petite quantité d'énergie spirituelle?

Réponse: Le Dieu dit que sa vie remonte loin dans le passé, et il peut y avoir ses moyens de produire de l'énergie, qui ne sont pas du tout pareils à ceux qui sont dans Sa propre hiérarchie. De plus, Il ne dit pas combien de cycles de développement Il a passé. Il pourrait laisser derrière Lui dix hiérarchies de ce genre avant de se mettre à la tête de l'hiérarchie donnée parce que la hiérarchie réelle ou les hiérarchies similaires ne sont pas uniques dans l'univers. Les Individus suprêmes peut passer par une multitude d'autres hiérarchies dirigées par un Individu plus supérieur conformément à ses objectifs, et seulement après en cas d'un certain besoin ou suite à sa propre décision de prendre d'une façon indépendante la tête de quelque chose de séparé. Par conséquent, nous ne pouvons pas dire à quel point Son parcours passé est long, et quel volume d'énergie spirituelle il lui a permis d'accumuler. La chose principale est qu'il (le parcours) * est devenu suffisant pour se mettre à la tête de cette hiérarchie.

Si on parle des Natures qui se développent dans la hiérarchie du Dieu, elles commençaient elles-aussi leur développement à des moments différents, par exemple la plupart s'est engagée dans la voie du développement dans d'autres mondes énergétiques bien avant l'apparition de la Terre, parce que plusieurs Natures différentes, étant dans l'état énergétiques, se sont avérées requises pour remplir le premier Niveau de la hiérarchie.

Le besoin en notre univers et, d'autant plus, en planète matérielle a apparu beaucoup plus tard sur mesures cosmiques. Par conséquent, les âmes qui ont commencé leur évolution directement sur la Terre, sont passés une très courte voie de perfectionnement et elles ne peuvent pas pour le moment être comparées dans leur développement même avec le premier Niveau de la hiérarchie du Dieu. Il est donc nécessaire de prendre en compte dès quel moment l'âme ou la Nature ont commencé leur développement.

Il est clair que l'âme humaine accumulera en arrivant au sommet de la hiérarchie actuelle du Dieu les miettes de l'énergie spirituelle, et d'autres Natures qu'Il a créées beaucoup plus tôt, la dépasseront selon plusieurs indices, y compris selon le volume de l'énergie spirituelle accumulée. Par conséquent, il est clair que celui qui se développe depuis plus longtemps, possède plus d'énergie spirituelle accumulée.

En outre, les Natures différentes qui ont atteint le sommet de la hiérarchie, son volume ne sera pas le même car ils (Natures) *, ayant la liberté de choisir, participeront à de différents processus; et nous savons, que pas tous les processus entrainent l'acquisition de cette qualité – la capacité de spiritualiser: le Diable, par exemple, et toutes ces Unités ne produisent pas du tout une telle énergie.

De plus, il existe d'autres moyens d'obtenir des âmes pour sa hiérarchie. Cela se voit même sur l'exemple de la hiérarchie du Diable. Il en a pris la tête avec les Natures déjà existant dans cette hiérarchie. Il n'avait pas besoin d'aucune énergie spirituelle en générale afin de se mettre à sa tête. Il ne nécessitait pas que ses propres connaissances. Mais pour se développer plus loin dans sa hiérarchie séparée il est possible de se procurer des âmes en les achetant ou en prenant des âmes défectueuses et en les transformant pour obtenir les qualités nécessaires.

Si l'on parle de la différence entre le Dieu et ceux qui font partie de lui, il convient de noter que chaque Nature, étant jointe au Dieu, ne sera pas cependant le Dieu, puisqu'elle se développe tout de même individuellement et en termes de perfectionnement n'est pas comparable avec Lui. La Nature restera absolue, mais sera au moins à deux Hiérarchies inférieures au Dieu. De telles Natures ont en elles-mêmes tout pour obtenir la possibilité de créer leur Hiérarchie et de spiritualiser.

La différence entre notre Dieu et les Natures, étant en lui, représente deux Hiérarchies. Cette correspondance est maintenue à n'importe quel sommet de la pyramide. Plus vite les Natures se développent, plus le développement de Dieu est rapide. Donc, les Natures ont assez d'énergie spirituelle pour spiritualiser leurs propres matrices et construire des mondes pour elles mais en quantité moins importante et sur de plus petites échelles. Ce seront des mondes de niveau approprié.

Autrement dit, le Dieu sera capable de spiritualiser plus d'âmes, et sa Nature, suivant la même voie, beaucoup moins. Et le Dieu créera d'énormes mondes sur une large échelle, et les Natures - petits. Telle est la différence entre eux.

CRÉMATION, PYRAMIDES

Question: Qu'est-ce que l'Esprit Suprême pense à la crémation de l'homme? Est-ce que cela affecte l'âme?

Réponse: L'Esprit Suprême varie les méthodes de dématérialisation de l'enveloppe physique après la mort d'un homme. Seule la raison illettrée pense que tout est simple dans cette question: on enterre le corps mort dans le sol et les bactéries le dissolvent à des composantes. En effet, cela ne se passe pas par lui-même, ce processus de destruction du corps matériel de l'homme a également été élaboré par les Systèmes Matériels Suprêmes du cosmos. S'ils n'avaient pas élaboré un tel processus, jusqu'au présent des montagnes de déchets à la base des restes se seraient accumulées lors des années de l'existence des corps matériels sur la planète. La terre n'aurait pas ressemblé à une belle planète florissante, mais à quelque chose de terrible et infect. Par conséquent, ce que les Suprêmes ont imaginé, comment prévenir la situation pareille et décomposer la forme aux mêmes composantes à partir desquelles elle est créée, avait une grande importance pour la purification de la planète et l'évolution normale de la vie sur elle. Et il existe plusieurs façons de dématérialiser une forme physique.

Nous ne sommes donc pas en droit de dire ce que les Suprêmes pensent de telle ou telle façon. Ils développent eux-mêmes ces méthodes et les envoient sur Terre, et ce sont les gens qui choisissent ce qui leur est le plus convenable.

La façon d'enterrement n'affecte absolument pas l'âme humaine, puisqu'elle ne touche pas les enveloppes supérieures. Tout cela est nécessaire pour le corps et pour les Déterminants guidant le défunt. Il est de coutume pour les chrétiens de placer une croix dans les pieds d'un homme mort pour canaliser dans la direction requise des énergies libérées du corps physique pendant la décomposition. Après la mort le rayonnement des énergies continue. Le fait est que le corps physique, ses enveloppes ont été rassemblés à l'aide d'une énergie puissante, qui commence à se libérer seulement après la mort. La croix émet de l'énergie dans l'environnement extérieur ou dans des zones techniques spéciales du monde subtil.

Il y a des Systèmes négatifs qui travaillent avec la Terre et qui collectent cette énergie afin de l'utiliser ensuite à certaines fins. Les corps se décomposent pendant très longtemps et le Déterminant, qui était responsable de l'homme pendant sa vie, continue à travailler avec son corps jusqu'à ce que celui-ci se décompose complètement ou il rende ce processus automatique.

Le Système Hiérarchique, responsable de la nation indienne, a décidé d'utiliser la crémation pour détruire l'enveloppe physique, puisque grâce à elle le Déterminant et les Systèmes, récupérant les énergies négatives venant du cimetière, sont libérés du travail sale. L'espace lui-même est moins bourré par les énergies négatives.

Les Suprêmes ont envisagé comment grouper l'énergie lors de la crémation. De plus, le feu transforme partiellement l'énergie. Il reste moins d'énergies sales et négatives et plus d'énergies du plan physique et organique.

Tout change constamment sur la Terre. Ce qui était avant convenable aux gens devient inacceptable à l'heure actuelle et vice versa. Mais en raison de la liberté de choix, chaque nation et chaque individu résolvent ce problème d'une façon indépendante.

Question: Quels autres moyens existent pour dématérialiser des restes physiques?

Réponse: La crémation est une manière progressive de détruire les corps morts sur la surface de la Terre pour les grandes civilisations. La crémation habituelle nécessite une grande quantité de carburant puisque la température de chauffage de cinq mille degrés est requise. Mais la dématérialisation des corps morts peut aussi être effectuée à l'aide de l'énergie cosmique. Pour cela, par exemple, vous pouvez utiliser les pyramides. Ce seront des crématoires d'un nouveau type - sous forme des pyramides, étant très économique en service.

Les pyramides ont de nombreuses propriétés étonnantes. Ils peuvent non seulement rétablir la santé, rajeunir, changer le cours du temps, mais aussi dématérialiser des corps morts. Cependant, pour cela il faut résoudre deux problèmes : trouver à l'intérieur de la pyramide une surface à la hauteur requise et un point sur cette surface dans lequel les objets sont dématérialisés. Cela doit être calculé.

Si un défunt est placé à un tel point, il disparaîtra au bout de quelques temps sans laisser de trace. Mais cela peut également arriver à une personne vivante si elle s'attarde dans ce point pendant un long moment. Il est également possible de calculer le temps quand il devient dangereux pour un organisme vivant de rester dans cet endroit afin d'éviter une telle situation. Le danger réside également dans le fait que les gens peuvent, à cause de leur intérêt personnel et de leur agression, utiliser ce point afin d'exterminer des personnes vivantes qui ne leur sont pas agréables. Autrement dit, un problème moral surgit. Ces crématoires ne doivent exister que dans une société avec de très hautes valeurs morales.

Imaginez: des criminels ont placé dans un tel point un homme empêtré pour toute une nuit, et le matin il n'y a plus de trace de lui. Par conséquent, il est nécessaire de réfléchir à la fois aux moyens de protéger les personnes vivantes. Il est possible que ceux qui y travaillent doivent tenir cet endroit secret. Si d'éventuelles conséquences négatives sont prises en compte et supprimées, un nouveau type de crémation sera très utile: les cimetières disparaîtront, le territoire de la Terre sera plus propre, et de nombreux Déterminants seront libérés du travail désagréable parce qu'ils doivent prendre soin de la dématérialisation entière du corps de leur ancien élève.

Cependant, ce point n'existe pas dans toute pyramide, mais dans celle qui a des dimensions externes strictement définies. Elles ne se réfèrent pas à la proportion divine. Donc, elles doivent encore être calculées. Nous pensons que de telles pyramides n'ont pas encore été construites sur la Terre. Sinon, la planète aurait pu perdre l'atmosphère, puisque ce point aurait dématérialisé pas seulement des objets, mais aussi l'atmosphère. Une telle dématérialisation se serait effectuée comme fuite dans un autre espace. Puisque si ce point décompose toute matière, il dématérialisera constamment l'air qui y pénètre. Donc, ce point représente également une menace pour toute l'humanité et toute la planète. Par conséquent, avant de mettre en œuvre une telle méthode sur la Terre, il est nécessaire de peser ses forces capables d'assurer les mesures de sécurité lors de l'utilisation de cette méthode surcivilisée sur sa planète.

Les Suprêmes ne donnent pas plusieurs connaissances intéressantes à l'homme, parce qu'il n'est pas capable de prévoir toutes les conséquences de leur application dans des conditions terrestres. En cherchant un gain privé et en oubliant d'autres conséquences négatives possibles, il peut détruire lui-même et toute la Terre au lieu d'utiliser ces connaissances à des fins utiles.

Bien que les Suprêmes aient bien sûr les possibilités de bloquer ce point par l'énergie d'un potentiel plus élevé et dans ce cas la matière physique (l'air) n'y aurait pas accès. Mais l'homme ne possède pas pour le moment une telle énergie de blocage aussi puissante. Cette énergie appartient au Niveau supérieur.

Pourtant la pyramide a une autre propriété intéressante. À l'intérieur, il y a un point où le cours du temps change et où il est possible de se déplacer au passé. Le deuxième point est le point de passage dans le temps - c'est également un tunnel de passage vers une autre dimension sans dématérialisation. Un homme peut se déplacer sain et sauf dans une autre dimension mais il ne pourra pas revenir en arrière sans certaines connaissances. Ainsi, dans la pyramide, il existe en fait deux points: dans l'un a lieu une disparition avec la dématérialisation, dans l'autre on assiste à un transfert en entier vers une autre dimension.

Ces propriétés existent, et le fait que l'homme les trouve ou non dépend de lui. Mais pour cela il est également nécessaire savoir certaines dimensions extérieures de la pyramide ainsi que le matériau à la base duquel elle doit être faite, et pas seulement la corrélation entre les faces et les plans.

Pour comprendre certaines connaissances cachées, envoyées à l'humanité par une autre civilisation, il faut être préparé du point de vue de l'information à ces connaissances. Sinon, vous pouvez les regarder sans les voir ou sans les comprendre. Ce sera des hiéroglyphes simples et incompréhensibles pourtant l'information de tout un cosmos peut y être cachée.

DANS L'AUTRE MONDE

Question: Quelle place occupe l'âme dans le Cosmos?

Réponse: "La place dans le Cosmos" est utilisée de manière symbolique pour les concepts initiaux de l'homme, parce qu'en plus du concept de "Cosmos", il ne savait rien auparavant. Mais si ses concepts initiaux sont précisés et élargis on voit apparaître un Distributeur, des canaux-tunnels menant l'âme après la mort dans ce Distributeur, des processus de purification et, enfin, un dépôt d'âme, dans lequel chaque âme occupe sa place en fonction du Niveau de développement personnel. Et c'est le Niveau qui déterminera si vous dormirez jusqu'à la prochaine incarnation, comme si vous seriez dans l'oubli; si vous resterez dans le monde de vos illusions, en surmontant les vices et les erreurs; ou si vous commencerez à travailler dans un nouveau statut.

Ainsi, le chemin de l'âme vers sa Place dans le Cosmos à ce stade de développement passe par le Distributeur, les couches-filtres, le Jugement, le purgatoire. Elle n'occupe qu'après tout cela son Niveau dans le dépôt d'âmes. Ici, l'âme peut être complètement isolée d'autres, si c'est un Niveau inférieur, ou participer au travail d'un monde subtil qui surveille la Terre et mène avec elle certain travail. Ceci est mentionné ci-dessous dans les réponses aux autres questions. Pour le présent, il est important de comprendre que le Cosmos est un concept symbolique. Les engins, nos vaisseaux terrestres volent aussi dans l'espace. Et nous parlons d'astronautes qu'ils ont visité le Cosmos. Et en réalité, ils étaient tous dans un espace circumterrestre, dans l'espace qui est affecté pour notre planète en dehors duquel aucun des Terriens ne peut pas sortir, sinon ils détruisent par ignorance ce qui est construit par les Suprêmes pour les objectifs définis.

Pourtant ici, il faut distinguer que l'on laisse passer les personnes vivantes pendant leurs vols sur les navettes spatiales dans une dimension de l'espace circumterrestre, et les âmes de ces mêmes personnes se trouveront dans le même espace circumterrestre, mais dans une autre dimension.

Dans les dépôts d'âmes les âmes humaines resteront aussi longtemps qu'ils atteignent le centième Niveau de la hiérarchie terrestre, et ensuite elles passeront au premier Niveau de la Hiérarchie de Dieu. Quant à la place que l'âme doit prendre dans la Nature dans la mesure de son perfectionnement, il est mieux de consulter notre livre « Un nouveau modèle de l'Univers » pour comprendre cette question tellement complexe.

Question: Qu'est-ce qui détermine la durée de la demeure de l'âme dans «l'autre monde»?

Réponse: Sous le nom "autre monde", l'homme entend le monde subtil, plus précisément cet espace circumterrestre où les âmes se trouvent après la mort des corps physiques. Et il représente également un monde entier avec ses propres lois et ses Natures vivantes, dont certains sont plus supérieures à l'homme et sont obligées de travailler avec lui, et d'autres sont les âmes elles-mêmes de tous les Niveaux terrestres.

Les âmes des gens sont dans les uns Dépôts, les âmes des animaux sont dans les autres, les âmes des pierres - dans les troisièmes, et des oiseaux - dans les quatrièmes, etc. Dans chaque Dépôt les âmes sont reparties selon les Niveaux de leur développement.

Le Dépôt des âmes humaines est construit selon la hiérarchie (ainsi que tout autre, mais dans d'autres il y aura moins de Niveaux).

Les Niveaux sont séparés les uns des autres, et les âmes du premier Niveau seront isolées des âmes du 11ème Niveau. Autrement dit, les âmes des Niveaux inférieurs sont séparées des âmes moyennes et supérieures. Certaines restent en solitude absolue. Mais habituellement, le degré d'isolement ou de communication de l'âme est déterminé individuellement pour elle par les Juges Suprêmes. Par exemple, l'âme peut être complètement isolée des autres, mais elle restera dans le monde de ses illusions, et ainsi travailler sur certaines de ses situations-problèmes.

La durée de la demeure de l'âme dans le monde subtil dépend du Niveau de son développement. Plus le Niveau est inférieur, plus souvent l'âme s'incarne, car elle doit avoir le temps d'acquérir une expérience nécessaire et se former d'une manière requise avant un certain cycle de développement du Dieu. Maintenant, les âmes des Niveaux inférieurs et moyens peuvent s'incarner même après cinq ans (bien que cela se soit passé rarement avant); généralement, ils se réincarnaient dans 40-60 ans.

Les âmes supérieures s'incarnent moins souvent, seulement pour une mission spéciale. (Ce sont les scientifiques qui doivent donner une nouvelle théorie aux gens, les ingénieurs qui doivent inventer quelque chose, développer un dispositif technique. Ce sont les philosophes, les enseignants, les hommes d'État, les grands politiciens, etc.) Certaines âmes supérieures, par exemple, Leonardo da Vinci, s'incarne une fois par mille ans pour faire avancer les autres, et elles ne peuvent déjà apprendre rien de nouveau pour eux-mêmes dans ce monde inférieur. À l'heure actuelle (après l'an 2000), beaucoup de nos contemporains hautement développés ne naîtront que dans cinq ou six cents ans, parce que tout ce temps-là les âmes inférieures retravailleront sur leurs qualités et acquerront de l'expérience. Et au contraire, ces âmes inférieures s'incarneront très souvent après l'an 2000, dans 5-10 ans.

Après la mort d'un homme, son âme se trouve dans l'espace circumterrestre, pas simplement dans le vide, mais dans une construction spéciale du plan subtil, que nous appelons le Dépôt d'âmes. L'âme y arrive après le Distributeur, où elle passe le Jugement, la purification, le traitement de ses indicateurs techniques et énergétiques. Le Dépôt d'âmes se divise selon les Niveaux de développement de l'homme, c'est-à-dire il correspond à la hiérarchie humaine. Chaque âme y prend automatiquement sa place en fonction de son potentiel énergétique et de ses qualités.

Le Dépôt classe strictement toutes les âmes pas seulement par Niveaux, mais aussi par qualités. On peut dire au sens figuré que chaque âme y a sa propre «salle». Mais elle (la salle) a une construction holographique correspondant au stade du développement de l'homme. Cela lui permet de continuer son développement dans ce monde artificiel et de faire ce qu'il faisait sur la Terre ou de commencer quelque chose de nouveau.

La plupart des âmes continuent à régler ici leurs problèmes non résolus sur Terre. Ce monde est appelé autrement "l'échelle des illusions". Une telle âme est isolée d'autres âmes et s'occupe pleinement, comme dans un rêve, d'un monde illusoire. Mais si elle trouve les bonnes solutions aux situations, alors cela est considéré comme une expérience acquise. De plus, elle poursuit la construction des cellules de sa matrice. Sur «l'échelle des illusions» l'écrivain peut continuer à écrire son livre, le mathématicien développera une nouvelle théorie, le concepteur inventera un dispositif technique, etc. Tout cela se réfère au Niveau moyen de développement. Elles apprennent principalement à résoudre des situations, des problèmes, à surmonter des peurs ou des obsessions. Le temps sera pour eux comme arrêté.

Les jeunes âmes (Niveaux inférieurs), qui ne savent encore rien faire, s'endorment d'habitude jusqu'à la prochaine incarnation, ou sont engagées dans la cultivation des légumes énergétiques, c'est-à-dire de matières subtiles. (Généralement, c'est le même monde illusoire où ils acquièrent les compétences de travail). C'est une technologie différente de la cultivation des légumes sur Terre.

Cependant, des millions d'âmes dorment purement et simplement, comme si elles sont dans l'oubli. Elles ne pourront rien dire de leur demeure dans "l'autre monde", parce qu'elles n'ont pas de notions non seulement d'un monde subtil, mais aussi du monde physique. Plusieurs âmes ne sont même pas capables d'y communiquer les uns avec les autres parce que leur cerveau physique et leur aréole d'impulsion ont été détruits et l'enveloppe mentale permettant de penser et de communiquer n'est pas encore développée. Nous nous sommes rencontrés, par exemple, lors de certaines séances médiumniques avec de jeunes âmes (qui venaient de mourir et qui ne se sont pas encore endormies), qui ne pouvaient pas du tout communiquer, elles nous regardaient en silence, bien qu'elles aient compris ce que nous disions mais d'une façon vague.

Les âmes suffisamment développées, experts dans leur domaine, participent activement à la vie de la Terre et de l'humanité. Elles sont capables d'influencer les gens à partir d'un plan subtil. Leurs âmes peuvent aider à faire des "miracles" aux magiciens qui sont dans le monde réel; matérialiser tous objets ou déplacer les éléments nécessaires dans l'air, restant hors de la vue d'un homme; elles sont capables de soigner les gens selon la mission confiée par l'Enseignant Céleste (mais c'est généralement les âmes des anciens docteurs, médecins).

Le l'Enseignant céleste ne peut pas descendre directement dans le monde inférieur, dans l'environnement humain. Il le fait seulement par naissance de son élève, mais il utilise pour cela des dispositifs techniques de matière subtile. Cela s'explique par un certain nombre de difficultés liées à son potentiel énergétique élevé. De plus, Il est débordé de son travail. Donc, afin de réaliser directement dans l'environnement humain toutes sortes d'activités, les âmes des hommes développés, qui ont été laissés pour cette fin, sont généralement engagées, puisque leur matière d'âmes est proche du monde matériel. Par conséquent, Il donne des consignes nécessaires à ces âmes assistantes, et ils apportent l'aide nécessaire à son élève. Cela peut être pas seulement un service médical, mais aussi une aide dans n'importe quelle situation planifiée.

Elles peuvent sauver les gens, mais seulement sur l'instruction de l'Au-delà. Par exemple, un homme a pris un billet pour un avion, qui doit crasher. Et selon le programme, il doit rester en vie, alors il sera accompagné lors du voyage par celui que les gens appellent l'Ange gardien. Il fera le nécessaire pour que cette personne reste en vie. La survie miraculeuse des gens lors des accidents, des catastrophes, des bagarres, des batailles militaires, etc. est assurée pas seulement par les l'Enseignants célestes eux-mêmes suite à la correction des situations, mais aussi les âmes assistantes du monde subtil.

Dans les sphères célestes il y a plus de professions différentes que sur la Terre. Certains sont engagés à collecter des âmes inférieures après leur mort, puisque leur énergie est si basse qu'elles ne peuvent même pas monter indépendamment au canal menant vers le Distributeur (le livre «L'âme et les secrets de sa structure»). Ils sont appelés les anges noirs. En réalité, ce sont aussi les âmes des anciens humains travaillant avec les âmes des personnes qui viennent de mourir. D'autres travaillent avec des enveloppes temporaires que les âmes laissent, en les collectant. Il y a tellement de travaux différents dans l'autre monde qu'il est impossible de tous les énumérer. Mais plusieurs sont incompréhensibles pour l'homme, parce que la vie dans le monde subtil se déroule différemment que sur la Terre.

Un excellent exemple du travail des Natures (Déterminants)* et des anciennes âmes des gens avec le plan terrestre est l'expérience des Suprêmes en Angleterre, appelée «l'expérience de Scholes».

L'expérience de Scholes

Dans ce cas, un groupe de personnes ont communiqué avec des êtres maternant la Terre et travaillant avec l'humanité. C'est un très grand nombre d'êtres. Il y a des Natures, proches du plan matériel, et les âmes des anciens humains développées, comme cela est mentionné ci-dessus. Puisqu'il s'agit d'une expérience, ce sont toujours les Suprêmes qui l'élaborent comme un projet, et engagent les Natures et les âmes des gens convenables pour sa mise en œuvre. Les Natures sont choisies parmi celles qui, étant au Niveau inférieur de la hiérarchie de Dieu (ou de Diable), travaillent directement avec la Terre. Et les âmes des gens ne sont que des participants-exécuteurs, mais elles n'élaborent rien elles-mêmes. Elles font toujours seulement ce qui leur est ordonné. Si une expérience est en cours, les Suprêmes posent toujours des conditions des limites autorisées de ce qui se passe.

L'expérience de Scholes consistait à entrer en contact avec des humains et à leur fournir des preuves matérielles des possibilités des Natures, étant sur le plan subtil. Les participants de la séance demandaient que les Natures les contactant matérialisent des objets comme preuve de leur présence à côté des gens (et elles étaient avec eux dans la même pièce). Les Natures les matérialisaient. En général, c'était des objets anciens: pièces de monnaie, insignes, médailles, etc., et elles créaient également des hologrammes des individus et des situations historiques.

Dans l'expérience de Scholes, ont été choisies les Natures qui connaissaient bien les codes de la matière physique et qui savaient matérialiser de différents objets. Parmi eux il y avait les âmes des anciens humains.

Les Natures travaillant avec l'humanité sont capables de faire des hologrammes de visages ou de certaines images, de reproduire le son. Mais c'est un Niveau inférieur de contact, parce que tout ce qui est lié à la matière est en dessous du premier Niveau de la Hiérarchie de Dieu. Cependant, pour les gens un tel contact est plus tangible, et il semble fiable, puisqu'il a une confirmation matérielle du travail des Natures invisibles et des âmes humaines. Une telle expérience impressionne plus, mais elle ne donne pas beaucoup d'informations et n'élève pas haut l'âme de l'homme dans son développement.

Ils réalisaient les contacts avec les gens avec la permission du Dieu, afin d'inciter pendant cette période de transition le plus possible d'âmes des gens à changer de conscience, d'encourager les réflexions spirituelles et de croire en l'existence des Suprêmes et du monde subtil.

Le but de ces Natures ou Esprits, comme les auteurs les appellent, est de prouver à l'homme l'existence des mondes subtils à travers la matérialisation, ce qu'elles faisaient avec succès.

Nous avons commencé nos contacts en 1990 avec un groupe similaire qui avait un autre objectif: donner à l'humanité de nouvelles connaissances. Dans le livre "La Raison suprême révèle les secrets", nous avons détaillé comment nos premiers contacts se sont passés. Un groupe de travail - des personnes de différentes spécialités et de divers Niveaux de développement – y a assisté mais à ce moment-là nous ne parlions pas encore au Dieu, mais aux Natures étant sur les Niveaux de la hiérarchie de Dieu.

Ensuite nous avons commencé à monter les Niveaux de la Hiérarchie et à accumuler nos potentiels énergétiques. Personne ne nous a permis de parler aussitôt au Dieu lui-même. Nous avons passé des épreuves une par une, tous les jours pendant dix ans, avant d'obtenir la permission de dialoguer avec Lui.

Pourtant il faut dire que notre contact n'est pas le seul, il y en avait beaucoup de pareils sur la Terre, et tous étaient aux Niveaux différents, et chacun poursuivait ses objectifs. Le but commun était de transformer la conscience de l'humanité et de descendre sur la Terre les énergies puissantes dont elle avait besoin.

Question: Qui analyse la vie d'un homme après sa mort?

Réponse: L'analyse du comportement de l'homme et la totalisation des résultats de sa vie sont réalisés par les Natures, c'est-à-dire les âmes des anciens humains hautement développés qui ont passé leur développement lors de la 3ème et la 4ème civilisations précédentes.

Les âmes qui ont atteint le plus haut niveau d'expertise dans un certain domaine des connaissances sont très appréciées par l'Au-delà. Nous avons parlé de l'existence dans les Sphères célestes de la hiérarchie où les meilleurs spécialistes travaillant avec l'humanité et la Terre sont réunis. Cette hiérarchie a rassemblé de grands spécialistes des civilisations passées (de la première jusqu'à la nôtre, cinquième) existant sur la Terre. Ils connaissent bien les conditions d'existence sur notre planète, les subtilités du passage par l'homme des situations de vie. Ils aident à élaborer une nouvelle technologie, et ils donnent des idées aux concepteurs et aux inventeurs de la Terre.

Tout est d'abord conçu et développé par ces meilleurs spécialistes dans l'Au-delà, et puis il est envoyé sous forme d'idées aux gens qui sont capables de comprendre et d'accepter leurs idées. Pourquoi, par exemple, un compositeur écrit-il de bonnes chansons l'une après l'autre? C'est parce que dans les Sphères célestes tout le service des meilleurs anciens musiciens de la Terre travaillent pour lui. Ils sont de vrais arbitres des élégances et ce sont eux qui changent constamment son style et son caractère. Ils composent de la musique dans l'Au-delà et la transmettent en bas, et le compositeur, en tant que contacté, doit l'accepter correctement et l'incarner dans la vie moderne en utilisant des instruments réels. La musique change constamment parce que, là-haut, dans l'Au-delà, le service de musique, composé des âmes des meilleurs anciennes musiciens terrestres, travaille constamment pour toute l'humanité pas pour la satisfaire, mais dans le but d'un développement subtil de l'âme.

De ce fait, ceux qui jugent la vie de l'homme ce sont donc les anciennes âmes des humains qui ont atteint un haut Niveau de développement dans la connaissance des conditions de vie de tous les jours et de la société, des subtilités du comportement humain, de sa psychologie, de sa moralité. Pour juger et analyser la vie, il faut en savoir beaucoup, mais en savoir du point de vue plus supérieur et être soi-même d'une haute moralité. Les âmes de ces Natures apportent la lumière et la pureté, et c'est pour cette raison que les âmes basses qu'Elles jugent, ont peur d'Elles.

Où les âmes sont-elles parties des civilisations passées ? Celles qui ont atteint la perfection souhaitée, sont restées dans les Sphères célestes, dans cette hiérarchie afin de travailler avec des âmes basses des hommes sur la Terre, de s'occuper de leur éducation. Cette hiérarchie réunit les meilleurs spécialistes dans tous les domaines. Et Pythagore, et Léonard de Vinci sont jusqu'au présent dans cette hiérarchie et continuent de travailler pour l'humanité. Les experts du haut niveau sont envoyés de là-haut pour transférer aux gens de nouvelles inventions ou théories.

Les âmes des civilisations passées qui se développaient mal, lentement, avec les périodes de dégradation, continuent leur perfectionnement dans notre cinquième civilisation à côté des jeunes âmes. Maintenant, par exemple, il y a beaucoup d'âmes de l'ancienne Atlantide. Si on fouille leurs souvenirs passés, ils pourront raconter beaucoup de choses intéressantes sur l'Atlantide et comment elle a disparu.

Question: Le décodage et la perte du droit à la réincarnation signifient-elles la même chose?

Réponse: Le décodage peut être complet et partiel. Lors d'un décodage partiel, l'âme est nettoyée des qualités instables, au cours d'un décodage complet on la nettoie totalement. En cas de la perte du droit à la réincarnation c'est la base d'identité qui est détruit, une sorte de « je » qui se réalise comme une personnalité isolée. Et cela, ainsi que le décodage complet, s'accompagne d'un nettoyage complet de la matrice. Donc, le décodage complet et la perte du droit à la réincarnation sont la même chose pour l'homme. Dans le livre "Le nouveau modèle de l'univers", tout cela est décrit en détail.

Question: J'ai compris qu'avant l'incarnation on présente à l'âme son futur programme de vie et on lui laisse prétendument s'y habituer, ce que l'homme sent après l'incarnation comme le désir ou la mauvaise grâce de faire quelque chose. Et selon le livre « Dictées des maîtres de la Fraternité blanche » l'âme doit promettre de réaliser le programme après en avoir pris connaissance. L'âme devrait-elle donner une telle promesse?

Réponse: Il est stipulé dans notre information que le futur programme n'est pas présenté à chaque âme. C'est la priorité des cas individuels. Aucune âme inférieure ne connait les futurs événements de la vie, parce qu'elle ne comprend encore rien. Cela n'est permis qu'aux âmes particulières et hautement développées, ce qui arrive dans des cas individuels.

La promesse de réaliser dignement le programme ne peut être donner que par une âme hautement spirituelle. Les âmes moyennes et basses ne contrôlent pas leur comportement. Elles ne savent pas comment elles se comporteront demain et comment elles agiront dans telle ou telle situation. C'est pour cette raison que l'homme traverse des situations car elles sont probatoires : dans ces situations il dévoile totalement ses mauvaises qualités, ses défauts, certaines imperfections de caractère.

Dans la vie normale et tranquille, l'homme se comporte toujours également et il donne l'impression à tous d'être bon, mais dès que la situation de conflit ou quelques difficultés surgissent, il révèle immédiatement tous ses ennuis, toutes les imperfections de qualités, le manque de connaissances dans certains domaines et le manque de compréhension de toutes circonstances. Tout cela est pris en compte par les Enseignants Suprêmes et est transféré à la prochaine vie pour le retravailler.

Le développement consiste à savoir trouver la solution correcte aux situations surgissantes, à savoir trouver, parmi de nombreuses versions de la future réalisation de l'événement, la voie la plus optimale et la meilleure. Pour cette raison, on ne présente pas à l'âme son futur programme, puisque les situations sont probatoires. Si les situations à parcourir sont montrées à tous, ainsi l'âme recevra bien à l'avance des réponses disponibles pour résoudre les problèmes, et elle ne réalisera pas de travail approprié de l'esprit.

En ce qui concerne le livre «Dictées des maîtres de la Fraternité blanche», ces promesses – d'exécuter son programme - ne peuvent être données que par les individus haut placés et hautement spirituels, responsables non seulement de leurs propres actions, mais aussi de chaque leur pensée. S'ils font une promesse, cela signifie qu'ils mesurent le programme proposé à leurs propres forces et capacités. Une âme basse ne s'y connaît rien du tout, et en même temps, elle peut donner n'importe quelle promesse, même d'accomplir des tâches présidentielles.

Les âmes appartenant à la Fraternité blanche sont toutes de hauts individus, alors avant l'incarnation, elles ont d'autres conditions que les âmes moyennes et basses. Il est toujours indispensable de distinguer les âmes selon les Niveaux de développement. Ce qui est permis aux unes est interdit aux autres. Il ne faut jamais étendre à toutes les âmes les conditions prévues pour des Niveaux concrets. Il est nécessaire de réfléchir - à quel Niveau se réfère ce qui a été dit. Il faut comprendre que toute réponse à une question et toute information se rapporte toujours à un seul Niveau, ou à des Niveaux limitrophes. Par conséquent, toutes connaissances reçues doivent être attribuées à un certain Niveau et il faut les classer correctement par rapport au reste, en apportant des changements et des compléments nécessaires.

Question: Dans la doctrine de la Synthèse il est dit que les Seigneurs du Karma étaient sur le plan causal de la planète, et maintenant ils sont passés sur le plan monadique. Est-ce le cas?

Réponse: Tous les individus qui s'occupent du karma des gens sont dans l'espace circumterrestre de notre planète sur son plan subtil, autrement dit ils ne sont pas encore inclus dans la hiérarchie du Dieu, mais ils ressortent de la hiérarchie humaine. Et la Terre comme planète a ses structures subtiles et ses enveloppes subtiles, mais selon leur potentiel elles ne peuvent pas s'égaler à celles des hommes. Par conséquent, même un homme développé n'est pas capable pour le moment de pénétrer dans l'enveloppe monadique ou du lien de cause à effet de cette planète. Selon leurs caractéristiques énergétiques, elles ne sont pas comparables. (Si on parle de petites planètes, cela peut être possible.)

L'homme ne restera que sur le plan qui est prévu pour les âmes humaines et qui correspond à son Niveau de développement. Bien sûr, tout cela est dans les structures subtiles de la planète, et pour cette raison l'homme essaie de repérer exactement le lieu où telles ou telles âmes demeurent. Mais ce plan sera situé dans l'enveloppe astrale de la planète, et pas plus haut.

Toutes les âmes passent sur les plans correspondant à leurs Niveaux.

La Terre passe actuellement vers une nouvelle orbitale, et c'est justement la transition vers un Niveau de développement plus élevé, et il n'y a pas d'importance comment les gens l'appelleront. Toute l'humanité suit la Terre à ce nouveau plan plus supérieur et tous ceux qui lui servent sur le plan subtil dans l'espace circumterrestre, et pas seulement les Seigneurs du Karma, y passent eux-aussi. Pourtant chacun atteindra le Niveau au-dessus du plan, sur lequel il était avant. Vous montez plus haut par rapport, par exemple, à votre plan astral, et les Seigneurs - par rapport à leur, mais Ils restent tout de même dans l'espace circumterrestre, et Ils travailleront eux-aussi avec l'humanité.

Autrement dit, en ce qui concerne le passage des Seigneurs du Karma, vous avez reçu des fragments de la vérité, et en fait, il s'avère qu'Ils ne sont pas les seuls qui montent à un nouveau Niveau, mais les hommes le font également. Cependant chacun passe sur ses plans. Tout le monde monte à un Niveau plus haut.

Question: Pourquoi ne faut-il pas parler mal ou gronder à propos d'une personne décédée?

Réponse: On ne peut pas parler mal d'une personne morte au cours de 40 jours. Le fait est que beaucoup d'âmes étant morte continuent à assister à leurs funérailles. Ils entendent et voient tout. Par conséquent, si quelqu'un dit quelque chose de mauvais à leur sujet, ce n'est pas d'abord éthique pour l'âme à ce moment aussi tragique. Deuxièmement, quand on parle mal, cela s'accompagne d'une projection de l'énergie basse, ce qui empêchera l'âme de remonter le canal vers le Distributeur.

Pourquoi les offices des morts passent-ils dans des églises aux chandelles? Beaucoup de gens ont une énergie faible de l'âme, un bas potentiel énergétique, donc ils ne peuvent pas monter à eux seuls dans les Sphères célestes. Le prêtre donne aux enveloppes subtiles de l'âme une énergie de départ supplémentaire qui les aide à remonter en haut grâce aux prières et à l'énergie des bougies.

Lorsqu'on gronde l'âme, elle sature de l'énergie basse et ne remonte pas dans les Sphère céleste, elle se transforme en une âme souffrante errant parmi les gens jusqu'à ce que les anges spéciaux ne descendent et ne le prennent pas, pour ainsi dire, en lui donnant le bras. De plus, certaines mauvaises âmes, ayant entendu parler mal d'elles, restent exprès parmi les gens, en commençant à se venger du plan subtil. Restant invisibles, elles peuvent même pousser l'homme sous une voiture, elles peuvent inspirer des pensées suicidaires, susciter l'angoisse et la dépression.

Pour diverses raisons, l'âme peut traîner sur la Terre jusqu'à 40 jours. Le quarantième jour, le Jugement a lieu. Vers ce jour, l'âme est obligatoirement retirée de la Terre, et elle arrive déjà dans son Distributeur, à un endroit précis d'où elle ne peut pas partir sans permission. Seulement un an plus tard (le jour du repas funéraire), elle sera autorisée pour la dernière fois à redescendre sur la Terre et revoir sa famille et ses amis. Ce jour-là, vous ne devez pas aussi parler mal de cette personne. Et après un an, vous pouvez déjà parler de lui tout ce qu'il mérite. Il ne vous entendra plus.

Mais les âmes hautement spirituelles qui ont accumulé un potentiel énergétique élevé s'envolent rapidement de la Terre et elles peuvent même ne pas être présentes à leurs funérailles. Beaucoup dépend du potentiel énergétique de l'âme. Donc, si vous accumulez un grand potentiel énergétique en lisant notre information, vous volerez rapidement vers les Sphères supérieures et vous n'aurez aucun problème avec les supplices et les tribulations.

CHAPITRE 3
NATURE ET EVOLUTION

Le monde est si varié qu'il est impossible de saisir pleinement sa structure dans les moindres détails. Mais la connaissance passe par ce qui est intéressant et compréhensible. Nous découvrons pendant que la curiosité nous pousse à le faire et nous comprenons quand nous faisons des efforts.

Question: Comment est nommée l'étendue dans laquelle notre Nature existe?

Réponse: Nous appelons cette étendue mondiale par l'Univers, comme il est dans l'usage dans la philosophie humaine générale. Ces noms (l'Univers, la Nature) ne sont utilisés que pour les humains. Les extraterrestres les nomment à leur manière, ils ont d'autres concepts et visions qui correspondent à leurs mondes et leurs Niveaux de développement.

Toutes les dénominations sont relatives. Si cette étendue est examinée par rapport à d'autres étendues similaires se développant à côté d'elle, alors pour ces dernières elle aura une appellation différente - le nom du code numérique et la caractéristique de cet Être, qu'elle représente à ce moment. De même, les âmes des gens ont leurs noms. Un individu isolé est caractérisé par un homme dans la masse générale des êtres terrestres. Mais pour les extraterrestres les gens ne sont plus appelés les hommes, mais seront désignés d'une façon différente, afin de mettre en évidence leur nature individuelle.

De la même manière, cette étendue dans laquelle notre Nature demeure est appelée pour les gens l'Univers. Et ce concept exprime quelque chose dont les dimensions sont maximales car les hommes ne peuvent même imaginer rien de plus grand. Par conséquent, ils ont appelé cette étendue spatiale globale en fonction de leur idée maximale du monde.

Les hommes ne recevront pas d'autre nom concret d'autant plus puissant que ces mêmes hommes ne détruiront pas leur monde par sa puissance. Puisque les noms cosmiques sont un lien énergétique puissant avec l'objet lui-même, qui peut tuer si ce lien trop puissant est ouvert par le biais d'un nom à une unité d'énergie très faible.

Pour cette raison, par exemple, notre Dieu ne révèle son nom qu'aux abonnés puissants.

Question: Qu'est-ce que l'Univers représente pour la Nature?

Réponse: Pour la Nature c'est le monde extérieur, de même que le monde terrestre est pour l'homme. Il représente l'environnement de l'existence qui correspond à cette forme de vie. En plus de notre Nature, d'autres cosmo-organismes y existent, ceux qui correspondent selon leur Niveau de développement à notre Nature, mais également ceux qui ont d'autres qualité et fonctions.

Nous pouvons dire qu'ils demeurent tous dans la même sphère de l'être. Pourtant, bien sûr, les conditions de leur existence, l'intérieur du monde et la forme même de l'existence, ainsi que leurs relations mutuelles, ne peuvent être comparées à ceux de l'homme, puisque c'est un très haut Niveau du monde. L'homme est incapable d'imaginer même dans les grandes lignes comment Ils y existent et ce qu'ils font.

Mais d'autre part, puisqu'en dehors de nous tout est vivant et en développement, puisque l'éternité n'accepte que des formes qui se perfectionnent, il est possible de regarder différemment cette étendue de l'Univers, c'est-à-dire du point de vue de l'évolution éternelle des formes. Alors cette étendue, comme la Nature, peut être prise pour un certain organisme vivant et en évolution, ayant une individualité. La Nature est sa partie constructive, remplissant pour lui certaines fonctions.

Question: Est-ce que la Nature a un nom plus moderne?

Réponse: Le nom le plus approprié de la Nature est Cosmo-organisme. Rien de meilleur ne peut être trouvé. A nouveau, en termes des humains, il n'y a même pas de noms approximatifs qui correspondent à l'état réel des choses, donc on doit utiliser l'ancien nom, bien que ce soit une appellation grossière et lointaine.

Question: Que représente cette étendue de la Nature?

Réponse: Tout d'abord, elle représente un individu isolé qui, tout en développant sa personnalité, en même temps est également une cellule dans l'organisme général d'un Etre plus important, et cela continue à l'infini. On ne nous a rien parlé d'une forme concrète, car une personne tridimensionnelle n'imagine pas plusieurs choses spatiales qui existent à ces Niveaux. Et la forme de cette étendue remonte justement à la multiplicité globale des espaces y existantes et qui s'ajoutent à toute forme lors de son évolution, y compris à la forme humaine.

Question: Savez-vous le nombre de cellules qui constitue la Nature?

Réponse: Dans notre Nature, le nombre de cellules est limité, comme dans toute étendue de forme achevée et intégrale. Leur nombre n'est pas inclus dans les concepts terrestres, donc le chiffre lui-même est intraduisible. Plus haut on monte, moins de ces concepts humains existent, à l'aide desquels vous pouvez exprimez des appellations sous-jacentes. D'où le rapport suivant : dans chaque Nature il y a un nombre absolu de cellules. Et à cause de sa grandeur ce nombre absolu bouleverse complétement le cerveau humain. En parlant même d'un quintillion, l'homme ne peut pas imaginer numériquement cette énorme quantité de grandeurs numériques lui correspondant. Par conséquent, pour les hommes même d'un centième Niveau, il est irréel d'apprendre le nombre absolu.

Tout se découvre au fur et à mesure lors du développement. Cependant, il est possible de dire de manière certaine, que la Nature n'en a pas le nombre infini, mais précis puisque toute structure finie, comme celle qu'elle représente, possède un nombre d'unités (en nos termes - cellules) strictement défini et composant sa forme.

Question: Pourquoi le Dieu et les Suprêmes sont-ils intéressés au progrès? Pourquoi le Dieu et les autres Nature à tout Niveaux cherchent à se développer au plus vite et passer à un Niveau supérieur, bien qu'ils sachent que beaucoup plus de travail les y attend et que ce processus est sans fin?

Je pense, par exemple, que les Essences Supérieures s'intéressent à leur développement, et donc au développement de la Nature, parce qu'elles comprennent que si le progrès s'arrête, la Nature périra. Et elles toutes arrêteront d'exister avec elle.

Réponse: Vous avez raison. Le progrès est un mécanisme de la restitution de l'organisme, de son rajeunissement permanent et du mouvement sur les étapes de l'évolution. Prenez l'exemple de l'homme : s'il est tout le temps allongé sur le lit sans bouger, cela provoquera la stagnation et l'arrêt total de toutes ses fonctions vitales ce qui accéléra sa mort. La même chose arrivera avec la Nature.

Vous avez bien répondu que sans progrès, tous les vivants sont morts. Tout ce qui est à l'intérieur de la Nature, et donc l'homme lui-aussi, est lié par certains processus énergétiques avec ce qui est inférieur et ce qui est supérieur. Autrement dit, il y a certaines chaînes évolutives de développement qui sont suivies par ceux qui se perfectionnent dans cette qualité. Et si quoi que ce soit, y compris un homme particulier, ne satisfait pas aux exigences de la chaîne commune : ne veut pas se développer, freine et ne cadre pas avec les cycles bien précis, ces mailles périssent. Ce n'est pas toute la chaîne qui est détruite, mais celui qui s'est arrêté, a freiné ou est allé dans l'autre sens. Un tel objet est automatiquement détruit par d'autres processus prévus pour le contrôle du développement. Tout ce qui ne se développe pas se transforme pour la Nature en déchets et provoque une violation des processus généraux de développement. Et ce qui ne fonctionne pas à l'unisson avec la tendance générale, est détruit.

A l'échelle de la Nature, afin de préserver ses fonctions éternelles, des mesures de protection sont prévues pour faciliter l'évacuation de son organisme de tout ce qui s'est arrêté et stagne. Par conséquent, lors de l'apparition quelque part des éléments en stagnation ce n'est pas toute la Nature qui meurt mais seulement ces unités dégradantes qui se sont arrêtés dans leur développement et donc ont violé la « Loi de la Perfection ». En outre, il ne faut pas oublier que chaque partie de la Nature remplit sa fonction. Cela équivaut au fait que si le foie ou la rate dans l'organisme humain cessaient de fonctionner. De ce fait, leur travail est contrôlé à temps, les zones faibles sont détectées et réglées dans leurs activités.

Par conséquent, si ces éléments pareils apparaissent dans la Nature, les autres Essences Suprêmes excluent cette maille décadente de la chaîne de développement commun, elles en nettoient l'organisme et remplacent par une autre donc le développement général continue. Pourtant, en fonction de l'ampleur de la dégradation, de différentes mesures sont généralement appliquées à ces mailles et parfois une stimulation ou une coercition peuvent être mises en place

L'homme regarde tous les processus du développement du point de vue de sa paresse et de sa fausse vision du monde. Tandis que les Suprêmes travaillent toujours par inspiration et grâce à cela la vitesse de l'évolution augmente automatiquement. Les Suprêmes ont une autre conscience. Le développement et le travail leur apportent la joie, le bonheur, l'inspiration. Chaque monde supérieur est plus pur et meilleur que celui qui existe pour les inférieurs. Par conséquent, là-dedans il y a une motivation à passer à la prochaine étape du développement.

Dans les Mondes supérieurs, personne n'a peur du travail, parce que le travail leur apporte un haut sentiment de satisfaction, de joie, de bonheur, de profonde raison d'être. Ils ne s'imaginent pas sans rien faire, étant fainéants. Ils ont une attitude complètement différente au travail. Et dans le monde terrestre, l'attitude envers le travail est mauvaise, le travail a été transformé en galère, en service, en quelque chose de sale et forcé.

L'homme traite partialement le travail parce qu'il a établi lui-même un rapport injuste : les uns tournent les pouces et prospèrent, les autres se crèvent à cause du travail et traînent une misérable existence. C'est un tort et cela n'est propre qu'aux mondes inférieurs.

Dans les Mondes supérieurs, il y a un partage clair des droits et des devoirs, selon leur propre volonté, remarquons-le. Chacun choisit ce travail qui l'intéresse, par conséquent, il travaille avec le désir. Et le travail à volonté est déjà un travail créatif, apportant du plaisir. Ce travail correspond au potentiel, c'est-à-dire en fonction de ses propres forces, et cela apporte de la joie et de la satisfaction de ses propres activités. En outre, cela exprime justement le vieux slogan communiste : "De chacun selon ses facultés (c.-à-d., selon le potentiel et les qualités), à chacun selon ses besoins". Dans les Mondes supérieurs, l'Essence ne prend jamais de trop du produit total. A cause de sa haute conscience de soi, elle se contente de ce qui est nécessaire à son existence et à son développement. Autrement dit, chacun garde la mesure ce qui est inaccessible aux gens ignobles et négatifs.

L'augmentation de la vitesse de développement dans les Mondes Supérieurs, c'est-à-dire le progrès, est due à l'inspiration qui pousse le créateur à tout faire plus vite et tout rendre plus magnifique. L'inspiration aide à avancer l'évolution.

Question : Vos informations portent sur l'économie et la pertinence du Cosmos, et qu'une certaine valeur de surplus doit être obtenu pour chaque type d'énergie utilisée pour que l'évolution ait du mouvement. Je voudrais savoir plus précisément quel est le pourcentage maximum et minimum de cette énergie ? (Ces lignes ne vous rappellent-elles pas "Capital" de Karl Marx ? Je plaisante.)

Réponse : Pour que l'évolution de l'Univers avance, chaque âme doit accumuler pour elle-même et pour un Supérieur hiérarchique un certain pourcentage du surplus d'énergie. Ce pourcentage à chaque Niveau de développement est différent. En fonction du Niveau auquel l'âme appartient, elle est obligée d'accumuler son surplus d'énergie qui est prévu par son programme de développement. Autrement dit les limites du surplus d'énergie seront pertinentes à chaque Niveau : les Niveaux inférieurs doivent produire moins d'énergie et les Supérieurs doivent générer plus d'énergie.

Plus l'âme est élevée, plus intense sont l'augmentation et l'accumulation par elle des énergies. Et si elle accumule plus pour elle, donc, elle devient plus performante pour le Cosmos, son efficacité s'accroît également. A cet égard, une âme développée et sublime peut apporter plus à profit du Cosmos qu'un millier d'âmes peu développées qui entrainent plus souvent une perte qu'un profit. Mais alors elles sont forcées de compenser par certains moyens la perte infligée.

Nous n'avons pas obtenu de tableaux numériques pour chaque Niveau. Ils n'ont pas d'importance pour l'homme, parce que les Suprêmes ont d'autres mesures, et l'homme n'a pas encore inventé les unités, en lesquelles l'énergie subtile doit être mesurée. Probablement, cette appellation devrait être donnée par les physiciens. D'ailleurs, « Capital » de Marx reflète en effet l'économie du Cosmos. Donc votre blague c'est une réalité. Ce qui est en haut est ce qui est en bas.

Question: Pourquoi le progrès de la Nature est-il réalisé grâce à l'échange interne des énergies, si tout de même elles (ces énergies) sont toutes à l'intérieur de cette Nature?

Réponse: La cause de tous les changements internes est l'action de la Nature dans le monde extérieur. La Nature ne vit pas dans un espace vide, elle vit dans un certain environnement d'existence, c'est-à-dire dans son monde avec lequel elle interagit et d'où elle puise son énergie primaire. **Et tout ce qui est secondaire se trouve à l'intérieur d'Elle.**

La Nature, comme l'homme, interagit avec le monde extérieur d'une certaine manière et reçoit de lui ce dont elle a besoin pour les fonctions vitales. Ce sont les énergies de types différents. Les énergies arrivent à l'intérieur de son étendue et sont la raison pour laquelle la Nature doit effectuer tous ses changements internes ultérieurs.

C'est plutôt un processus cumulatif de l'échange d'énergie externe et interne. Etablissons une analogie suivante. Supposons que l'homme hume de l'air frais du monde extérieur et, automatiquement, sur la base de cette portion d'oxygène, des changements internes dans les poumons, dans le sang, etc. commence à se produire.

De même tout passe dans la Nature. Cependant il y a aussi un autre côté global. Si nous examinerons l'échange interne des énergies, en pénétrant en profondeur vers l'intérieur de la Nature, alors cet échange des énergies commence à s'étendre à chaque composante qualitative, chaque particule des composantes de toute qualité, etc. Tout cela a ses mondes à l'intérieur, progresse et, en changeant, mute, se transforme en quelque chose de complètement différent, qui, à son tour, produit déjà d'autres types d'énergies, qu'il commence à redonner dans l'ordre inverse. C'est là le progrès interne, le changement et le renouvellement continu des énergies, et l'extension sur cette base des fonctions de l'organisme. Par conséquent, l'échange des énergies va en profondeur vers l'intérieur et à l'extérieur de la Nature. Sur cette base, elle grandit et se développe.

Question: Mais l'échange interne sort-il à l'extérieur ou non? Autrement dit, est-ce que l'échange externe est inhérent à la Nature en plus de l'échange interne ?

Réponse: Oui, nous avons examiné ci-dessus le processus de manière fragmentaire, en l'arrêtant à un moment donné. Mais l'examen général fait preuve que l'échange des énergies va à la fois vers l'intérieur et à contre-fil – en dehors, vers le monde extérieur. Quand chaque unité isolée qui compose la Nature reçoit sa part d'une nouvelle énergie, elle la recycle en une nouvelle qualité et Lui redonne la quantité d'une nouvelle énergie produite par elle (cette unité), qu'elle doit produire pour Lui en surplus. Cette unité redonne de l'énergie à une plus grande étendue, et celle-ci la rend à une étendue encore plus grande, et ainsi de suite vers l'enveloppe extérieure. Rappelons que la Nature se compose des étendues situées l'une dans l'autre. Par conséquent, le passage des énergies s'effectue d'une étendue plus petite à une étendue plus grande.

La Nature, en plus des processus allant vers l'intérieur de son étendue, voit travailler les processus opposés qui vont de l'intérieur vers le monde extérieur de la Nature.

Autrement dit, les énergies à la fois sortent de la Nature et y entrent. Cela permet l'échange des énergies et la réalisation de tous les changements internes et de son évolution. S'il n'y a pas d'absorption de l'énergie du monde extérieur, l'évolution n'aura pas lieu. Cela provoquera un arrêt et la mort. De même, si l'énergie n'est pas redonnée dans le monde extérieur, cela entraînera la perturbation de ses flux d'énergie.

A l'intérieur de la Nature, tous les processus visent à augmenter le potentiel énergétique d'un secteur avec lequel ces processus travaillent. Imaginons qu'un tel secteur soit l'âme d'un homme ou d'un Etre. Elle est conçue dès le début de sorte que si elle travaille avec certaines énergies, elle doit nécessairement augmenter son potentiel énergétique. Si elle ne le fait pas, elle commencera à se dégrader, ce qui la conduira à l'autodestruction. Tous les processus de dégradation visent à l'autodestruction et à la désagrégation.

De même, dans l'organisme de la Nature tout ce qui ne veut pas évoluer et se renouveler est automatiquement détruit. Les processus pareils d'auto-nettoyage sont posés comme bases à l'intérieur de chaque individu en développement.

Notre Dieu accumule dans les cellules-univers (matérielles et énergétiques) un certain potentiel énergétique destiné à eux (aux univers). Sous le prochain Dieu, l'augmentation du potentiel énergétique de ce secteur de la Nature se poursuit à partir de la grandeur sur laquelle notre Dieu s'est arrêté. Les énergies forme simplement leur autre qualité, et le potentiel énergétique du secteur continue de s'accroître, à mesure que les énergies sont ajoutées. C'est le modèle de développement que personne ne peut contourner.

SYSTÈME SOLAIRE

Question: Est-il possible de ranger le système solaire dans le système planétaire?

Réponse: Oui. Il existe deux types principaux de systèmes planétaires : le premier comporte une ou plusieurs étoiles et planètes ; et le second consiste en une planète principale et plusieurs planètes auxiliaires. Le système solaire est un système planétaire formé d'une étoile et de plusieurs planètes, parmi lesquelles il y a des planètes-hologrammes matériels.

Récemment (en 2007), les savants américains ont réussi à rapprocher leur satellite du Soleil à la distance la plus proche possible et à prendre les données de cet astre que personne n'a encore pu obtenir. Ces données sont devenues une sensation pour tous : le corps intérieur du Soleil était de deux mille degrés plus froid que son enveloppe extérieure, qui bouillonnait du feu et crachait les flammèches. Auparavant, les scientifiques pensaient que si la couche extérieure présentant l'atmosphère de l'étoile était un feu total, alors à l'intérieur de l'étoile, la température devrait être de plusieurs milliers de degrés plus élevée qu'à l'extérieur. Mais il s'est avéré que tout est à l'inverse : le soleil est "froid" et autour de lui il y a feu. Donc ce qui est bien connu et décrit par les savants peut être étudié à nouveau et il est possible de faire de nouvelles découvertes.

Une technique performante aidera à briser de vieilles visions du monde et de ses composantes, elle obligera à revoir de nombreuses théories humaines. Quand le développement avance, il brise forcément les vieux dogmes.

Et si on y ajoute la présence chez l'Étoile de l'âme et du programme de développement, et les informations de notre livre "Le Nouveau modèle de l'Univers", on pourra récrire l'histoire du Soleil.

Question: Pourquoi toutes les planètes du système solaire sont-elles situées sur la même surface?

Réponse: Puisque l'étoile et les planètes sont une structure unique comprenant des composantes particulières, dont nous avons parlé dans le livre "Le Nouveau modèle de l'Univers ...", elles devraient toutes travailler en interaction. L'étoile et les planètes travaillent avec les énergies qu'elles acheminent l'une à l'autre dans un ordre donné, c'est-à-dire elles fonctionnent en interaction, et pas séparément, elles ne peuvent pas être considérées comme des objets purement indépendants. Si au moins un de ces objets est retiré, le travail de l'ensemble du Système solaire est perturbé, et les conséquences peuvent être les plus imprévisibles. Les Suprêmes doivent dans ce cas ajuster le travail de tout le système planétaire.

Nous décrivons la situation générale pour que la réponse soit claire.

Sur chaque planète il y a son propre monde, et les mondes doivent eux-aussi interagir énergiquement d'une manière strictement définie, car chacun d'eux produit de l'énergie pour ce système général.

De plus, chaque planète a des mondes multidimensionnels, par exemple, la Terre à l'heure actuelle (en 2000) possède sept mondes parallèles. Ils sont liés à l'enveloppe physique de la planète Terre par les flux d'énergie, et la Terre est liée avec le Soleil et d'autres planètes. À cet égard, tous les mondes sont énergétiquement interdépendants, donc leurs fonctions sont également entrelacées par des rapports concrets régis par le programme général de ce système stellaire. Et puisqu'ils fonctionnent ensemble, donc, structurellement, tous doivent être liés par certaines tâches.

La construction du système stellaire comprend la localisation et le codage des directions des flux d'énergie de chaque monde et, par conséquent, leur emplacement les uns par rapport aux autres. De ce fait, la disposition des planètes ne peut pas être chaotique, elle doit être strictement définie en fonction du but de l'échange des énergies dans le programme global du système. L'espacement des planètes influence l'emplacement de chaque monde subtil et leur travail. De plus, les mondes parallèles créent le potentiel énergétique commun de leur planète. Le potentiel énergétique, envoyé d'un monde à un autre, représente une retransmission d'un flux d'énergie particulier qui déroule le système dans une direction géométrale.

Cet espacement géométral des planètes définit la direction du mouvement du Système solaire dans la galaxie et la direction de la galaxie elle-même par rapport aux autres galaxies de l'univers. Ainsi, l'espacement géométral des planètes dans le Système solaire est déterminé par son programme et le but de la création, et ce programme est lié à la direction du mouvement du système dans la galaxie. D'où découlent ses fonctions, la conception du système planétaire général, la jonction des mondes.

Question: Nos savants pourront-ils un jour observer les quatre univers à la fois?

Réponse: Aucun être humain ne pourra le faire parce qu'ils sont qualitativement différents, bien qu'ils soient matériels. L'ignorance des propriétés de l'autre matière ne permettra pas de pénétrer dedans et de la voir comme un monde. Dedans il y a une autre forme de vie, d'autres états d'existence, par conséquent, l'homme ne pourra pas les appréhender. La matière est d'une qualité complètement différente que celle de la terre, bien qu'elle reste une matière physique, mais l'œil humain, disposé à sa perception uniquement en sa qualité terrestre, ne pourra pas la voir et en prendre conscience.

L'homme ne pourra voir d'autres univers que s'il atteint un Niveau de perfection suffisamment élevé et s'il passe dans la hiérarchie du Dieu. Dans ce cas plusieurs dimensions et matières lui seront accessibles. Du point de vue des positions plus élevées il est possible de voir les mondes et les espaces adjacents avec lesquels on travaille.

Question: Est-il vrai que tout espace est composé de particules (atomes, etc.)?

Réponse: Seuls les espaces des univers matériels sont constitués des particules qui forment les propriétés de la matière physique dans leurs différents secteurs. Cependant, tout espace a une base de matrice, y compris l'espace matériel. La matrice permet de former l'espace avec des qualités requises, car ses cellules créent les zones précisément demandées avec certaines propriétés et avec les transitions d'une propriété à une autre.

Les particules élémentaires créent une matière commune de l'espace de l'univers matériel et il est en même temps possible avec leur aide de changer constamment l'état de l'espace dans des zones différentes. Pourtant la matrice elle-même de l'espace est une structure énergétique subtile. Elle se développe grâce aux particules matérielles. Ces dernières sont ces unités de travail qui, à la base de leur fonctionnement, construisent les cellules de la matrice, en les remplissant de l'énergie de leurs activités. Autrement dit, les particules matérielles construisent la structure subtile de la matrice spatiale grâce à leurs activités, réalisées en fonction de leurs programmes. Pour cette raison, les cellules sont remplies d'énergie d'une composition plus brute que, disons, la composition dans les cellules des matrices des espaces dans les mondes énergétiques du Dieu.

Les autres espaces subtils ne sont pas composés de particules, mais d'énergies des Niveaux différents. Pourtant ils ont aussi une base de matrice. Dans le livre "La structure énergétique de l'homme et de la matière", nous avons dit que le Dieu crée pour les espaces des matrices différentes – des matrices d'espaces. Mais ce n'est pas seulement sa priorité, car tous les espaces de l'univers sont également construits sur une base de matrice, bien que les mécanismes de l'action des matrices de différents Dieux puissent être différents.

Toute matrice spatiale est construite sur la base de ses lois, en se remplissant des énergies du Niveau qui passe cette espace en développement. La matrice avec une construction hiérarchique de ses cellules permet à l'espace de ne pas rester invariable, mais de se développer, évoluer et grandir constamment.

Question: Le vide peut-il exister seulement là où il n'y a pas d'espace?

Réponse: Le vide n'existe que pour la matière physique. Il est toujours dedans de l'espace lui-même, étant sa composante. Nous avons parlé de sa destination et de ses fonctions dans d'autres livres. Les espaces énergétiques n'ont pas de tel état. Ce n'est qu'un état purement physique. Mais dans les univers physiques, différents de leur qualité, il est toujours présent.

Question: Que représente l'espace entre les univers? De quoi est-il composé et comment fonctionne-t-il?

Réponse: L'espace entre les univers ne peut pas être appelé un espace, puisqu'il s'agit d'une zone frontière ayant une certaine épaisseur. La zone frontière a une structure spéciale, visant à relier les univers comme adjacents tout en les séparant et isolant l'un univers de l'autre, parce que leurs propriétés sont différentes.

Les univers se diffèrent toujours selon leur qualité et leurs fonctions. Les propriétés de leurs matières sont généralement incompatibles, par conséquent ces couches ou zones limitrophes doivent assurer une séparation claire des univers adjacents l'un de l'autre, sinon il peut y avoir une catastrophe ou une atteinte partielle de l'espace d'un univers par un autre. Par conséquent, les zones frontières entre eux sont spécialement calculées par les Systèmes Matériels Supérieurs lors de la création des univers matériels, et tout y est construit comme le demandent les matières à la base desquelles ils seront faits.

Cependant lorsque les maîtres (les Dieux) de ces univers changent, les fonctions de ces univers, leur contenu qualitatif, leur construction interne changent eux-aussi, et donc la zone frontière entre les univers adjacents, est également reconstruite. Autrement dit, il y a toujours des structures qui restent constantes, et il y en a celles qui changent complètement. Lors de la destruction complète de l'univers matériel, dont on n'a plus besoin, l'espace où il se trouvait est complètement reconstruit. Les univers matériels sont toujours situés dans les univers énergétiques plus grands selon leur ampleur et font leur partie intégrante temporaire.

SPIRITISME

Question: A propos du spiritisme. Je ne comprends pas comment est-il possible d'inviter à la séance l'âme de Staline, de Napoléon, de Socrate, s'ils peuvent être incarnés dans ce monde à ce moment?

Réponse: Comme nous l'avons mentionné ci-dessus, les âmes développées demeurent généralement sans incarnation dans le monde subtil pendant de 100 à 500 ans. Ce sont des présidents, des leaders, des philosophes, de grands créateurs. Par conséquent, il n'est pas surprenant qu'une âme hautement développée continue à venir à des séances de spiritisme au cours de deux cents à cinq cents ans.

Chaque Niveau de développement a sa propre période de circulation dans le cercle de la vie. Répétons que les Niveaux inférieurs se réincarnent souvent, les Niveaux moyens - moins souvent. Bien que généralement tout cela soit déterminé individuellement. La fréquence des incarnations et la période entre les vies dépendent des besoins des Suprêmes de telles ou telles âmes, de l'ensemble des qualités de développement des âmes elles-mêmes, ainsi que des buts fixés par les Suprêmes. Parfois, ils peuvent refuser pendant longtemps l'incarnation à l'âme la plus populaire lors des séances de spiritisme car pour une certaine période de temps il est plus important pour les Suprêmes de maintenir les séances de spiritisme afin d'élever le statut de foi en un monde subtil dans une couche particulière de la société. Il est important pour les Suprêmes de susciter l'intérêt des jeunes âmes au monde qui se trouve au-delà de leur perception, il est important que l'homme sache que l'âme continue à exister après la mort, qu'elle est éternelle et qu'elle garde toutes les qualités individuelles. L'homme devait croire en son immortalité, et cela devait encourager les jeunes âmes à se développer.

Dans le cas, où l'âme est incarnée, comme nous l'avons déjà écrit, d'autres âmes copiant le caractère de la personne appelée, le style de son comportement et etc, peuvent venir. C'est très facile à faire sur le plan subtil, de même, qu'il est possible d'obtenir rapidement toutes informations sur les anciens humains.

Le jeu de l'acteur est très répandu sur la Terre, pourquoi pensez-vous qu'il n'existe pas à l'au-delà parmi les âmes? Elles jouent aussi avec plaisir les rôles des autres. Là aussi, il y a des éléments de développement: l'âme se visualise comme, par exemple, Yesenin ou Pouchkine. Dans notre monde de nombreux acteurs jouent avec plaisir Lénine et Napoléon et ils le considèrent comme un honneur. De même à l'au-delà. De plus, un intérêt à communiquer avec les gens, avec un autre monde s'y ajoute.

Les séances de spiritisme peuvent également attirer les âmes qui viennent de mourir et qui n'ont pas eu le temps de monter au Distributeur, ainsi que les âmes en peine des suicides et des assassins des autres. Ils font généralement des bêtises et peuvent également se nommer par les noms des personnes appelées. Cependant, le plus souvent, ils ne copient personne et ils répondent ce qu'ils pensent. (Jusqu'au quarantième jour, c'est-à-dire jusqu'au Jugement, la pensée de certains individus bas travaillent. Ils continuent à réfléchir avec une enveloppe mentale).

Mais généralement, la séance est tenue sous la supervision du Déterminant du médium. Le Déterminant n'interfère pas pour que le médium obtienne l'expérience, qu'il apprenne à comprendre grâce à quelques traits dans le comportement que l'âme qui est venue n'est pas celle qui est convoquée et que quelqu'un se fait passer pour un autre. Et les âmes des hommes qui viennent de mourir sont tout simplement curieuses de se mettre en valeur en leur nouvelle qualité parmi les gens, de leur jouer un tour. En outre, ils prennent du médium une partie de l'énergie qui leur manque pour monter à l'Au-delà, donc ils ont aussi leur propre intérêt.

NOMS TERRESTRES ET COSMIQUES

Question: Qui détermine le prénom et le nom de l'homme dans l'incarnation actuelle? Est-ce que le prénom et le nom de famille ont l'importance pour l'homme, et laquelle?

Réponse: Le Fondateur définit le nom et le prénom, et le Déterminant le suggère à ses futurs parents. Et ils ont leurs raisons pour cela. Le plus souvent, ils sont liés à l'énergie que l'homme doit travailler. La combinaison d'un prénom, d'un nom de famille et d'un patronyme d'une personne concrète lui donne une certaine énergie.

Chaque nom de famille exprime le fond du développement. Stolyarov, Plotnikov, Pastukhov (*** Menuisier, Charpentier, Berger) sont des gens liés à certaines professions. Les Fondateurs réunissent sous un nom de famille un groupe de personnes pour élaborer en elles une qualité spécifique.

Par exemple, les hommes portant le nom Buyanov (*** Tapageur) doivent se distinguer par un caractère incoercible et bagarreur. Ils élaborent la qualité de s'opposer aux autres, de faire prévaloir son opinion au niveau bas. Ou, par exemple, les gens avec le nom de famille Nepomnyashchiy (*** Oublieux) doivent prêter attention au développement de leur mémoire. On rappelle à l'homme qu'il a un défaut de mémoire. Les gens avec les noms Pevtsov, Skripkin, Bassov (*** Chanteur, Violon, Basse) sont associés à la musique et ils travaillent des compétences créatives.

Beaucoup de noms proviennent des noms du règne animal: Volkov, Kozlov, Zaitsev, Sokolov (*** Loup, Bouc, Lièvre, Faucon) indiquent que l'âme est passé l'étape animale.

Au début et à la fin du 20ème siècle, l'énergie brute descendait sur la Terre, et en conséquence, des prénoms rustiques ont été lancés en circulation: Darya, Galina, Stepan, Dmitri, etc. Nous avons écrit à ce sujet auparavant. Ici, nous pouvons faire seulement quelques ajouts.

Le prénom et le nom représentent un certain programme calculé et déduits comme bilan sous forme de lettres et de nombres vers certains états énergétiques. La combinaison du prénom et du nom d'une personne met en action une énergie strictement définie. C'est une sorte de programme individuel.

Lors du changement du prénom ou du nom, l'homme change la direction qualitative du développement et il peut acquérir d'autres qualités que s'il maintient le nom ou le prénom précédent. Par exemple, cela se voit très clairement chez les filles qui se marient et prennent le nom de famille du mari. Il y a tout de suite les changements des situations, du style de comportement, des qualités acquises. La vie devient très variée.

Et si la fille ne change pas son nom de famille, mais se marie, elle continue la ligne de comportement de son ancienne famille, dans laquelle elle a grandi. Par conséquent, elle en a besoin en rapport avec son programme. Il est impossible de le dire de manière certaine, car chacun a son propre destin, et seuls les Suprêmes savent exactement ce qu'Ils veulent obtenir de l'homme dans telle ou telle vie.

Question: Comment un changement de prénom ou de nom de famille peut-il influencer la personne sur le plan terrestre et est-il possible de le faire en général? Certains hommes et femmes les changent volontairement.

Réponse: Chaque prénom et nom de famille ont certaines caractéristiques sémantiques et énergétiques. Ils sont donnés à un homme afin qu'il traverse certaines situations de vie. Par exemple, une jeune âme se voit donner le nom de famille Dourakov (*** Con) et les situations ignobles appropriées dans lesquelles il peut agir, comme il veut. Une totale liberté de choix est donnée. Mais si l'homme souhaite résister à son destin malheureux, il peut commencer par un changement de nom et ce faisant il se prépare donc psychologiquement à la lutte, à la non- résignation à la situation. Et la question est s'il peut mobiliser toutes ses forces et sa volonté afin de changer la situation pour le mieux. Cela lui demandera de mobiliser l'intellect.

Pour changer le nom, il faut avoir une forte volonté. C'est rarement que quelqu'un le fait. Par conséquent, si un homme l'a fait tout de même, alors, il est déjà capable de faire beaucoup. Et après avoir changé le nom, il regardera les problèmes d'un point de vue différent, puisque son âme a décidé de lutter contre son destin, de monter au-dessus de ce qui lui est prescrit lors d'une autre solution des situations de vie. Autrement dit, une telle personne choisit le règlement de toutes les situations selon la plus haute barre établie par elle-même. C'est comme un sportif: il peut sauter en toute sécurité au-dessus d'une barre à hauteur d'un mètre et il peut la monter jusqu'à un mètre et demi et sauter par-dessus. Mais tout de même, le programme lui est donné d'abord avec le premier nom, et il comporte des variantes.

En changeant le nom, l'homme prend une décision de passer toutes les situations selon le maximum prévu par le programme. Pourtant il ne pourra pas changer le programme ou sortir hors de ce dernier: le programme le fera rentrer par les circonstances dans les limites des situations qui lui sont destinées.

Ainsi, l'homme qui a décidé de changer sa vie, et qui a commencé à le faire par un changement du nom et du prénom, peut changer son destin pour le mieux, mais tout cela ne dépassera les limites de son programme personnel. Si l'idée vient dans sa tête pour les changer, alors c'est le Déterminant qui lui suggère qu'il peut influencer son destin, et que cette option existe dans son programme.

Une idée similaire ne germera pas dans la tête d'une personne qui n'a pas une telle option dans le programme, et donc le désir de changer quelque chose n'apparaîtra pas.

Cependant, il y a un "mais": il est tout à fait possible de changer la vie pour le pire. Si l'homme ne s'oriente pas d'une façon appropriée et s'il ne fait pas d'efforts pour résister et analyser ce qui se passe, rien ne changera pour le mieux. Tout dépend de l'état d'âme interne de la personne.

Autrement dit, il reçoit initialement la possibilité de changer son destin uniquement dans des limites accessibles et pas plus de ce qui est permis par l'Au-delà. Mais il pourrait tout aussi bien résister au destin sans changer son nom. Le principal est son désir de se battre pour le mieux, de pouvoir résister à l'opinion publique ou à l'opinion de ses proches. Et tout cela nécessite la mobilisation de sa volonté.

Vous pouvez donc changer votre nom et votre prénom. C'est un passage automatique dans votre propre programme d'une branche de développement à une autre. Après avoir changé le nom, l'homme commence à se sentir différemment, comme s'il recevait une nouvelle qualité et, conformément à cela, il essayera d'agir d'une autre façon. Un homme avec une volonté faible ne sera pas capable de le faire.

Certes, le code numérique de l'homme se modifie aussi avec un changement du nom. Par conséquent, le caractère lui-aussi change, l'homme devient différent. Bien que l'homme change toujours pour le mieux ou pour le pire, parce que c'est en cela que le développement consiste. Il change pour le mieux quand il choisit une option de l'évolution dans son programme, et pour le pire quand il choisit la voie de la dégradation. Le changement du nom est la prise d'un choix, après laquelle l'homme passe automatiquement à la version du programme qui est liée avec ce choix.

Question: Quelle importance un patronyme porte-t-il pour l'homme?

Réponse: Chez les peuples qui ont un patronyme, le programme est transféré du côté paternel, comme une ligne principale d'information dans la famille. Ce n'est pas pour rien que généralement les premiers enfants ressemblent toujours à leur père. C'est comme le code génétique, où le programme principal du corps physique est transmis du côté paternel ainsi que les principaux objectifs et les tâches du développement.

Question: A qui les noms cosmiques sont-ils donnés, ou à partir de quel Niveau peuvent-ils être attribués à l'âme? Qui les possède?

Réponse: Ils sont donnés aux âmes des Enseignants de l'humanité, des envoyés, des missionnaires pour la communication avec les Fondateurs et les Hiérarques supérieurs. Sur le plan terrestre, il n'y en a que des dizaines. Les noms cosmiques littéraux ne sont donnés qu'aux hommes, puisque c'est leur forme de compréhension et de communication. Ce sont des Administrateurs et des Fondateurs qui les donnent.

Mais toutes les âmes ont les noms chiffrés, c'est-à-dire les codes numériques. Ils aident à contrôler chaque âme et à rendre plus pratique leur systématisation, leur attachement à un endroit ou leur envoi dans un certain monde.

Les noms cosmiques c'est différent. Ils sont donnés afin de distinguer les âmes dans l'humanité. Il est plus pratique aux Administrateurs d'utiliser la combinaison littérale et sonore pour la communication. Par conséquent, l'Administrateur (ou le Fondateur) choisit lui-même un nom cosmique pour son administré afin de la fonctionnalité de la communication et conformément à un certain échange des énergies.

Ce sont des Fondateurs qui définissent toujours les noms cosmiques des missionnaires. Ils élaborent un projet comme un sujet du tableau, dans lequel le nom doit s'inscrire harmonieusement et conformément à l'énergie du projet. Chaque génération a ses noms les plus courants, et cela est lié à l'énergie que cette génération véhicule. Et elles véhiculent des énergies différentes.

Les noms cosmiques sont donnés aux âmes du quatre-vingt-dixième au centième Niveau de la hiérarchie terrestre. Ils sont également utilisés sur les premiers Niveaux de la hiérarchie du Dieu pour les Essences s'occupant de l'humanité, autrement dit qui sont liées à la forme linguistique de communication avec les Niveaux inférieurs. Les noms cosmiques de l'âme changent lorsqu'elle passe d'un Niveau à un autre. Ils viennent des accumulations internes des énergies de l'âme et ils se modifient eux-mêmes, selon la transformation de ces accumulations.

Question: Pour quelle raison les noms cosmiques ne peuvent-ils pas être divulgués?

Réponse: Le nom cosmique a une structure énergétique particulière, il contient une puissance beaucoup plus importante que les simples noms humains. Et si ce sont les noms du Dieu, du Hiérarque du Système Médical ou du Diable, alors ils véhiculent un énorme potentiel énergétique.

Le nom cosmique est tout d'abord la connexion entre le plan terrestre et l'Individu Suprême, auquel il appartient, ou à qui un élève obéit. La combinaison sonore contient une puissante impulsion énergétique. Lors de la prononciation d'un nom, une connexion éclair se produit avec le Plan Supérieur, avec l'Individu Suprême.

Si ce nom est divulgué aux gens, les âmes basses chargeront constamment les Suprêmes par les problèmes, qu'ils doivent régler eux-mêmes. Les gens veulent connaître les noms cosmiques pour résoudre des problèmes personnels ou pour obtenir des facultés, autrement dit pour satisfaire son égoïsme. De plus, puisque ce nom a un haut potentiel, il peut porter des coups énergétiques à la personne avec le potentiel inférieur lors de sa prononciation et il peut parfois tuer, si l'homme est affaibli et sa protection énergétique est faible. Les noms cosmiques représentent toujours le travail avec des énergies puissantes. L'homme doit y être préparé non seulement moralement, mais aussi énergétiquement.

Par conséquent, ces noms ne sont ouverts qu'aux âmes qui ont un potentiel énergétique pertinent et qui ne travaillent pas pour son compte, mais pour toute l'humanité, et qui profiter de cette connexion si haute pas pour son usage personnel mais pour le bienfait et l'évolution universels.

Question: Le nom cosmique est la relation entre l'homme et l'Essence correspondante, l'Individu Suprême. Pourriez-vous expliquer le mécanisme de fonctionnement de cette connexion?

Réponse: La connexion est automatique. Lors d'une prononciation sonore de la combinaison littérale du nom cosmique (ou lors de sa prononciation mentale) une impulsion énergétique se forme ayant une structure strictement définie et les caractéristiques énergétiques lui permettant d'arriver dans ce point de l'espace, auquel il correspond selon son potentiel et la structure qualitative de sa construction. Après tout, l'espace est une matrice, et l'Individu y demeure dans le point auquel il correspond conformément à ses caractéristiques énergétiques. Tous les indices énergétiques formés dans l'impulsion l'emportent au point auquel il correspond selon les indices.

C'est comme un puzzle, et l'image est comme une mosaïque. Si le puzzle est destiné uniquement à un endroit particulier de l'image (dans ce cas - de la matrice de l'espace), alors il y sera posé. Aucun autre puzzle ne pourra pas y entrer, car il ne correspond pas à la taille. Par conséquent, l'impulsion sonore et énergétique créée par l'homme vole vers son point d'espace, et pas vers un autre.

Dans l'Au-delà, beaucoup est basé sur des impulsions, car cela garantit la précision et la rapidité de la communication.

CHAPITRE 4
DÉTERMINANT ET ÉLÈVE

L'homme connait depuis longtemps sa relation avec le Monde Supérieur et la présence d'un certain Individu au-dessus de lui demeurant dans les Sphère célestes et contrôlant sa vie sur la Terre. L'homme a nommé cet Individu un Enseignant céleste. Auparavant, il était connu qu'Il apprend à son élève de vivre, Il essaie de le diriger sur la bonne voie et Il tâche dans la mesure du possible de le protéger contre les erreurs.

Une nouvelle information présentée dans notre livre « La vie secrète des Enseignants célestes », nous permet d'élargir notre compréhension de la relation entre un élève terrestre avec Lui et de réactualiser les connaissances précédentes. Nous l'avons appelé le Déterminant, puisque ce terme a été proposé par l'Au-delà, parce qu'il caractérise plus précisément les fonctions de l'Enseignant céleste. Si auparavant une personne croyait que cet Individu l'enseigne, maintenant nous savons que cet Individu ne peut rien faire par elle-même; il surveille seulement l'accomplissement du programme de vie élaboré pour cet élève par des Individus plus supérieures – les Administrateur et les Fondateurs. Ce sont eux qui décident quel sort il faut préparer pour un homme, à travers quelles situations de la vie il doit passer, de sorte qu'il acquière les qualités nécessaires de l'âme et augmente son potentiel énergétique, qui joue un rôle majeur dans l'évolution de l'individu.

Le Déterminant mène l'homme conformément au programme et aux situations préparées, et c'est Lui qui détermine combien d'énergie et de quel type il faut mettre à disposition de l'élève pour subir l'événement à venir. Il surveille que l'élève ne dépasse pas les cadres du programme donné et qu'il le remplisse tout jusqu'au bout. Plusieurs Déterminants reçoivent en tant qu'élèves les âmes des animaux qui sont pour la première fois dans le corps humain, ce qui rend très difficile la conduite de l'âme dans les situations absolument nouvelles pour elle. Il est clair que dans le corps de l'animal, l'âme traversait certaines situations, et sous la forme de l'humain, elle vit des situations qualitativement différentes et les exigences envers son comportement deviennent plus sévères.

Une jeune âme cherche constamment à ne pas respecter quelque chose, à casser, à tourner du chemin de développement sur le chemin de plaisir et de dégradation, pour cette raison l'Enseignant doit déterminer les mesures punitives pour les mauvaises actions et les mesures d'encouragement - pour les bonnes actions. Le Déterminant ne peut pas obliger son élève de faire quelque chose d'une façon dont il pourrait profiter car il n'a pas le droit de se mêler dans les désirs de l'homme, mais Il définit quelles idées il faut lui envoyer ou quels avertissements à travers des rêves ou de certains présages il est possible de faire.

Le Déterminant a de nombreuses fonctions techniques: il fournit à son administré l'énergie nécessaire et, en contrepartie, il lui retire une autre. Il l'aide à survivre dans des situations difficiles et à guérir de telles maladies qui pourraient provoquer la mort. Puisque le patient ne survit pas souvent grâce à l'aide des médecins, mais parce que son Déterminant l'a aidé. De plus, dans le monde subtil le Déterminant mène sa vie d'une manière propre à leur forme d'existence et il fait encore un autre travail destiné à son monde. Ainsi, en plus de la surveillance de son élève dans un autre plan, il vit aussi une vie pleine dans son propre plan d'existence.

Mais passons aux questions des lecteurs et observons dans quelle direction pousse leur pensée sur ce sujet.

Question: Qui et pour quelles raisons désigne un élève au Déterminant? Il s'avère, à mon avis, que plus l'élève est stupide, plus d'opportunités de développement a le Déterminant.

Réponse: Dans le monde subtil, dans l'espace circumterrestre il y a le Système, qui est responsable de la surveillance des âmes. Il comprend les Déterminants de Niveaux différents; le personnel technique travaillant avec les informations envoyées sur la Terre, ainsi que les spécialistes de la communication; les Essences s'occupant de la descente des âmes lors de la naissance et leur retour après la mort. Il y a beaucoup de spécialistes et il est impossible de les citer tous. Toutes les âmes terrestres sont contenues dans un dispositif technique spécial appelé le Dépôt des âmes. Elles sont installées dans ce Dépôt conformément aux indices énergétiques, chaque âme a ses propres caractéristiques, et tout cela est introduit dans un autre dispositif. Appelons-le un ordinateur avec sa base de données. C'est une sorte de fichier des âmes terrestres. Dans ce dispositif, il n'est pas du tout difficile de trouver une âme demandée avec des indices énergétiques requis.

Un autre Système technique est chargé de l'approvisionnement en énergie de la Terre et détermine de quel type d'âmes il a besoin pour cette période du développement. A chaque époque doit correspondre son envoi d'âmes sur la Terre afin de la ravitailler en énergie d'une certaine qualité et en quantité nécessaire. Il y a des périodes où les âmes développées sont envoyées, et des autres quand on envoie les âmes jeunes, ce qui est lié à une énergie différente et à une grandeur différente de leur potentiel énergétique.

L'humanité n'existe que parce que la planète a besoin d'énergie. Si elle n'avait pas ce besoin, l'homme n'existerait pas comme forme de vie. Pendant certaines périodes, la Terre manque de certaines qualités d'énergie, pendant les autres, d'autres qualités sont demandées. La quantité d'énergie dont la Terre a besoin varie également. L'énergie de chaque qualité est demandée en certaine quantité. Et chaque âme n'est capable de fournir à la planète que sa propre qualité et quantité de l'énergie. Pour cette raison, le Système calcule qu'en telle année il est nécessaire d'envoyer autant d'âmes de telle ou telle qualité et de tel ou tel potentiel, et l'année suivante – des autres.

L'incarnation des âmes sur la Terre a donc un côté technique. Par conséquent, les âmes ne sont pas envoyées d'une manière spontanée, mais conformément aux calculs de ce Système, basé sur les besoins de la planète en divers types d'énergies.

Quand toutes les données sont calculées, alors on s'adresse aux Essences qui sont en charge du Dépôt des âmes, pour les sélectionner en fonction des indices reçus. Et les Essences choisissent les âmes satisfaisant à ces calculs.

Ensuite, on désigne pour les âmes les Déterminants qui les surveilleront. Autrement dit, il existe encore nombre de Déterminants qui ne travaillent qu'avec le plan terrestre. Il y a aussi un certain rapport entre le niveau de développement de l'élève et le niveau de développement du Déterminant.

Un Déterminant très développé ne recevra jamais un élève faible, puisqu'il aura un petit rendement, et le Déterminant ne pourra pas obtenir de son administré l'énergie qui Lui est nécessaire. Un élève bête ne donne pas beaucoup au Déterminant, et les possibilités de se développer seront minimales. Autrement dit, un élève avec un niveau bas entrave le développement d'un Enseignant avec un niveau supérieur.

Le fait est que chaque âme terrestre est capable d'accumuler pendant la vie seulement une certaine quantité d'énergie. Elle la ramasse par portions, et elle ne peut pas acquérir plus de cette portion, sinon elle explosera. De plus, la construction même de l'âme se passe progressivement, donc en une incarnation d'un élève faible, le Déterminant recevra des miettes d'énergie.

Chaque Déterminant est intéressé à obtenir l'âme le plus développée possible, puisque son efficacité énergétique est supérieure à celle de l'âme inférieure. Il est clair que deux individus développés sont capables d'avancer impétueusement dans le développement, par rapport à une paire dans laquelle l'un sera développé et l'autre sera retardé. Il existe des relations entre leurs Niveaux afin qu'ils progressent tous les deux de manière homogène. Donc, **la raison principale pour laquelle tel ou tel élève est donné à un Déterminant est leur interconnexion énergétique**.

Question: Est-ce que le fait qu'ayant un élève bête le Déterminant puisse l'enseigner plus longtemps et parcourir avec lui un chemin de développement plus long n'influence-t-il pas cette relation? Est-ce qu'une voie plus longue ne lui donnera-t-elle pas plus d'énergie?

Réponse: Un élève avec un niveau bas, donc un élève bête, fait beaucoup d'erreurs et accumule généralement l'énergie qui n'est pas de qualité nécessaire à l'Enseignant, il faut donc constamment le faire revenir dans les situations précédentes, afin qu'il trouve les bonne solutions et qu'il obtienne l'énergie requise par les normes. Donc, un Administré l'accumule à petites doses, à condition que les situations soient souvent répétées. Il peut faire un long chemin, mais à cause des erreurs il obtiendra une petite quantité d'énergie, puisqu'il doit accumuler l'énergie de qualité qui est strictement déterminée et pas de toute nature. Tout a ses propres normes.

Cependant ce n'est même pas une question d'erreurs. Le principal est la capacité des âmes. Une âme développée peut être comparée à un moteur puissant, et une âme basse - avec un moteur faible ayant un rendement bas. Un moteur avec une puissance plus élevée produira plus d'énergie qu'un moteur à faible rendement sur le même parcours.

Question: En quoi consiste le progrès du Déterminant par rapport à l'élève?

Réponse: Le perfectionnement du Déterminant dépend largement du fait dans quelle mesure il pourra faire avancer dans le développement son administré demeurant dans le monde inférieur. Pour cela, Il a son propre système d'encouragement et de punition. Ils sont tous deux liés par des mêmes processus de développement. Mais pour la Terre, une telle connexion entre le Supérieur et l'Inférieur est temporaire.

L'Enseignant Suprême peut, à souhait, changer l'élève. Ce dernier perd ses liens avec le Supérieur, quand il commence à se dégrader et ne veut pas obéir à personne. Plusieurs individus inférieurs croient qu'ils ne sont dépendants de personne et qu'ils peuvent faire ce qu'ils veulent, c'est-à-dire, ils échappent l'autorité du Plan Supérieur. Ils sont habituellement transmis au Hiérarque négatif, ou ils seront décodés, c'est-à-dire détruits en tant que personnalité, en vidant les cellules de la matrice de toutes les énergies accumulées par cette âme au cours de toutes les incarnations passées.

La connexion entre l'élève terrestre et l'Enseignant céleste est temporaire. Cela est dû à la courte vie des élèves par rapport à leurs Enseignants éternels dont les administrés changent constamment. Mais une telle connexion temporaire ne peut être que sur la Terre. Dans la Hiérarchie du Dieu, la relation similaire existante entre les Etres supérieur et inférieur devient déjà permanente, puisque tous les Individus y sont éternels et, de plus, ils sont hautement conscients et comprennent que le travail bien organisé en interaction accélère le développement de tous les deux. La connexion du Supérieur avec l'Inférieur existe dans toute la Hiérarchie du Dieu.

Question: Si le programme d'un certain homme n'est pas encore terminé, le Déterminant a-t-il le droit de l'interrompre de sa propre autorité, s'Il a suffisamment de raisons pour cela? Je le demande parce que j'ai récemment perdu mon ami. Il n'avait que 43 ans. C'était, en général, un bon homme, mais il s'était perdu dans la vie et il a commencé à boire beaucoup. Au cours de la dernière année, il a eu plusieurs avertissements: une fracturé du bras, une fracturé de la jambe. Sur la base de l'information de vos livres, j'ai réalisé que c'étaient des avertissements, et j'ai essayé de lui expliquer que continuer à boire est gros de conséquences pour lui, et qu'il devrait l'arrêter. Le 11 septembre j'ai entendu sur mon répondeur ses derniers mots. Il a dit que tout ce dont je l'avais averti lui arrivait vraiment. Et le 19 septembre, il était mort. Donc, voilà une histoire triste.

Réponse: Oui, actuellement, il y a beaucoup d'histoires de ce genre, et elles sont toutes identiques. Cela veut dire que ces personnes appartiennent aux mêmes Niveaux de développement (ou se trouvent sur les dix Niveaux, unis par les mêmes situations de vie). Dans le cas de votre ami, son Déterminant n'a pas exercé d'autorité personnelle pour mettre fin d'une façon anticipée à son programme de vie. Vous avez dit que votre ami est mort à l'âge de 43 ans, et dans nos livres il est mentionné que c'est l'âge quand l'homme est rappelé selon le programme (l'âge de 42 ans, plus ou moins un an). C'était son programme. Mais parlons de ce qui est arrivés.

Chaque programme a des options, y compris celles qui permettent à l'âme de se dégrader. Les chemins de régression sont donnés dans le but de tester comment l'homme se comportera dans des situations de vie difficiles, s'il sera capable de résister à la dégradation. Après avoir fait un choix, par exemple, après avoir commencé à boire suite à une situation difficile, un homme commence à se diriger vers une option avec la dégradation ou avec une branche d'impasse dans le programme. Le Déterminant commence à lui envoyer des signaux forts pour qu'il puisse se raviser: un ulcère peut s'ouvrir, ou il souffrira des maux de tête, il cassera quelque chose ou il tombera dans un petit accident, pour commencer. Il peut être battu par des hooligans dans la rue. Tout cela ce sont des avertissements. Mais c'est l'homme lui-même qui doit penser à ce que cela signifie.

Le Déterminant fait des avertissements lorsqu'il a encore la possibilité de transférer son élève du chemin de la dégradation vers la voie normale du développement. Si son élève ne se corrige pas, le Déterminant ne le dirige pas vers une option de salut et l'élève continue à suivre la voie de la dégradation. Si c'est une âme suffisamment développée et vraiment une bonne personne, alors la voie de sa dégradation sera raccourcie (donc, elle meurt à 37 ans ou 42 ans), afin qu'il ne puisse pas détruire fortement ses qualités positives. Autrement dit dans le programme elle-même, il était déjà prévu que si cet homme suivait le chemin de l'alcoolisme, il finirait sa vie à l'âge de 43 ans. Il aurait pu finir à 42 ans, mais une année est donnée dans l'espoir qu'il se ravisera. Parfois, il peut être rappelé un an plus tôt - à 41 ans pour qu'il ne puisse pas détruire sérieusement ses qualités positives. Tout cela est décidé individuellement, et chaque cas doit être examiné séparément.

C'est un âge dangereux. Ceux qui s'arrêtent dans leur développement et qui sont incapables de trouver dans leur vie une nouvelle occupation qui favoriserait le progrès de l'âme sont morts. Il faut trouver pour soi de nouvelles et nouvelles activités.

En ce qui concerne la question si le Déterminant peut de sa propre autorité suspendre d'une manière anticipée la vie de son administré, il faut dire que non. Le Déterminant a le pouvoir de surveiller la réalisation du programme de l'homme et de le corriger, de faire telles ou telles inspirations s'il oblique. Il peut punir de sorte que cela n'affecte pas trop la mise en œuvre du programme, mais il n'a pas le droit de le rompre indépendamment à un moment donné sur sa propre initiative, puisque ce n'est pas lui qui l'a (le programme) * élaboré. Seul le Fondateur a le droit de suspendre à l'avance le programme de l'homme, pourtant pas de sa propre autorité, mais avec l'approbation des Instance supérieures. Dans la Hiérarchie du Dieu on fait attention scrupuleusement à l'exécution de la subordination et on ne permet pas les libertés. Mais le Déterminant peut punir l'homme s'il a choisi la voie qui Lui est indésirable.

L'élève reçoit un programme avec toutes les variantes possibles, et si l'homme sort de la vie plus tôt, donc, il a choisi lui-même cette option. Mais dans cette version, l'homme atteint le dernier point, il va jusqu'au dernier événement. Et chaque événement est conçu conformément aux consommations énergétiques, aux relations avec les autres. Pour cette raison, si, par exemple, le Déterminant suspend la vie d'un élève avant que ce dernier arrive au dernier point où il devrait organiser une rencontre d'une personne avec une autre grâce à un certain événement, le Déterminant fera entrer dans l'impasse les gens qui devront rencontrer son élève dans ce dernier point où il n'arrivera pas. Autrement dit, si l'homme est rappelé avant cet événement, une rencontre d'autres personnes n'aura pas lieu, et deux autres personnes peuvent être touchées à cause de lui et ne pas accomplir leur programme.

En outre, en passant par tous les événements jusqu'au bout, l'élève doit accumuler une certaine quantité d'énergie. Si sa vie s'interrompt plus tôt, il n'obtiendra pas cette énergie et il aura des dettes énergétiques, et nous savons qu'elles peuvent être remboursées par les vies très courtes, ce qui se présente toujours très tragique du point de vue de la vie quotidienne pour l'âme elle-même et son entourage. Donc, le Déterminant, au contraire, fait de son mieux pour amener son élève jusqu'au dernier point du programme et Il essaie de l'aider autant que cela est possible.

Le programme comprend toujours une option sur la prolongation de la durée de vie de l'homme en cas de son bon développement, plus précisément, son transfert sur le chemin avec une plus grande longévité à condition de la prise de conscience de son comportement et sa correction. Les Suprêmes souhaitent que l'homme acquière autant de connaissances et d'expériences que possible au cours d'une vie. Cela est même économiquement bénéfique pour eux, puisque moins d'énergie est dépensée pour cet homme.

Question: Est-ce que l'âme d'un élève peut rencontrer son Déterminant après sa mort au moins théoriquement?

Réponse: L'âme de l'homme ne peut pas rencontrer son Déterminant, puisque ce poste est occupé par une Individu ayant un très grand potentiel énergétique. Et l'homme, avec son petit potentiel, devient tout simplement incompatible énergétiquement avec lui. Le Déterminant est sur un tel plan d'existence, où l'homme pénétrera seulement après être passé le développement égal à deux mille ans.

Par conséquent, la rencontre de l'âme humaine avec son Déterminant ne peut pas avoir lieu même théoriquement, puisqu'il y a une immense différence des Niveaux sur lesquels demeurent le Déterminant et ce Système où l'âme arrive après la mort. Elle ne pourra pas tout simplement y monter vu ses paramètres énergétiques.

Question: Pourquoi le Déterminant envoie-t-il de l'énergie subtile à son élève? Est-ce qu'il ne suffit pas à l'homme de l'énergie qu'il reçoit en mangeant de la nourriture? Chaque personne se recharge de l'énergie trois fois par jour, en mangeant le repas. Mais pourquoi alors existent les Essences, qui s'occupent notamment de l'approvisionnement en énergie subtile des gens ?

Réponse: Dans le monde subtil, de nombreuses âmes participent aux processus énergétiques de la Terre. Dans le monde humain, par exemple, il existe différents spécialistes engagés dans l'approvisionnement en électricité des gens (spécialistes des centrales électriques, électriciens, personnel de service, etc.). Et dans le monde subtil, il existe encore plus de spécialistes liés à l'approvisionnement en énergie de la planète, des gens, des animaux, des plantes, des oiseaux, des poissons, etc. Toute forme de vie demande des énergies subtiles.

Elles sont primaires pour eux, et sur leur base, les types physiques d'énergies s'impliquent dans les processus.

Afin que la forme (y compris l'homme) fonctionne : commence à bouger, digérer la nourriture, elle doit obtenir d'abord du Déterminant une énergie subtile. Sinon, sur quelle énergie les aliments seront-ils digérés ? La nourriture ne donne de l'énergie qu'après la digestion, mais pour obtenir cette énergie, vous devez réaliser un certain travail ce qui nécessite également de l'énergie. C'est cette énergie primaire et subtile que le Déterminant envoie à son élève - l'énergie primaire pour accomplir des actions, des processus.

Cette énergie est transformée par les actions humaines en d'autres types d'énergies subtiles qui forment ses enveloppes subtiles. Il ne faut pas oublier leur existence. Et elles ne sont construites que sur un spectre d'énergies subtil. C'est une technologie très complexe de transformation de certains types d'énergie dans d'autres. Les enveloppes subtiles, la matrice elle-même de l'âme ne peuvent pas être formées grâce à la digestion d'une seule nourriture matérielle, elles n'ont besoin que des énergies subtiles, envoyées par l'Enseignant céleste. L'énergie primaire doit être donnée par le Déterminant, sinon la machine – l'homme ne fonctionnera pas.

Le corps humain travaille avec un très grand nombre d'énergies. C'est également le Soleil qui lui en donne et il est lié astrologiquement aux planètes du Système solaire qui lui envoient elles- aussi leur énergie, mais ce sont déjà d'autres types d'énergie. L'homme doit aussi les traiter et transformer en nouveaux types demandés par les Systèmes hiérarchiques.

Il ne faut pas oublier que l'homme produit aussi de l'énergie pour les Systèmes hiérarchiques supérieurs. Il est créé justement comme un biomachine, afin de produire sur la base de certains types d'énergies d'autres types. Nous en avons tout écrit et il faut lire successivement nos livres les plus simples : « Secrets des Mondes supérieurs », « L'Âme et les secrets de sa structure », « La Vie secrète des Enseignants célestes », « La Structure énergétique de l'homme et de la matière », « La Matrice, base de l'âme », « Le Doigt du Destin », « Les Révélations du Cosmos », « Les Perles des vérités suprêmes ». L'étude de ces livres élargira vos connaissances des processus énergétiques de l'homme dans le Cosmos.

L'INFLUENCE DE L'ALCOOL SUR LA VIE DE L'HOMME

Question: Dans votre livre « Les Révélations du Cosmos », il s'agit de la dissipation possible de l'énergie par les gens par le prise de l'alcool, du tabac, et ainsi de suite, et qu'il brûle de cette façon les réserves de l'énergie personnelle. J'ai compris que toutes ces réserves sont données à l'homme à la naissance. Si tel est le cas, alors pourquoi le Déterminant lui pompe-t-il la nuit son énergie primaire pour chaque jour ? Ou peut-être, cette réserve se trouve chez le Déterminant et pour cette raison Il le distribue selon les jours de la vie et Il est donc obligé de le transmettre par portions en fonction des besoins ? Précisez, s'il vous plaît.

Réponse: En répondant à la question de la dissipation de l'énergie à cause de la prise de l'alcool, nous pouvons dire le suivant. L'alcool brûle l'énergie vitale donnée à la naissance, et de ce fait la vie de tout homme buveur se raccourcit à la hauteur correspondant aux doses prises. En dépensant cette énergie l'homme passe automatiquement sur la voie de dégradation, sans percevoir même les doses quotidiennes de l'énergie, que le Déterminant lui envoie pour le traitement et le redressement de l'organisme. Il y a toute une multitude des énergies envoyées par le Déterminant à son élève. Certaines sont destinées à maintenir l'espérance de vie, les autres - à la santé, les troisièmes - à effectuer certaines tâches, etc. De plus, il ne faut pas oublier que toutes les qualités instables de l'homme se disparaissent, donc l'homme qui ne boit pas c'est une personnalité, et un buveur c'est une autre personnalité qui se trouve à un ordre ci-dessous.

Cependant même si un alcoolique raccourcit sa vie, il accumulera l'énergie, prévue pour le Cosmos comme un surplus, pendant sa vie, soit en supplices envoyé à travers des situations de vie difficiles, soit par des souffrances physiques liées à l'affaiblissement de la santé, ou on peut lui organiser une mort atroce. Mais il travaillera cette qu'il doit, en créant, bien sûr, le karma pour une autre vie.

Quant à la question des réserves d'énergie données à l'homme pour la vie, elles existent en réalité. L'homme croit par son ignorance qu'il existe par hasard et gratuitement. En fait, d'énormes moyens sont dépensés pour lui dans l'Au-delà, et si nous mesurons les dépenses par l'argent, dans l'Au-delà c'est l'énergie qui sert de la mesure. Nous ne parlerons pas des dépenses d'énergie générales, mais nous nous concentrerons sur un fragment de ces dépenses, c'est-à-dire sur les énergies nécessaires à l'homme pour vivre. Nous n'étudierons même pas le fait que l'énergie est même dépensée pour élaborer des programmes, pour fournir les enveloppes subtiles à l'âme, pour la faire descendre dans le monde physique. Tout cela est également lié à certaines dépenses énergétiques.

Arrêtons-nous sur le fait qu'on a développé pour l'homme les situations de vie auxquelles il doit participer. Pour exister dans toutes les situations, il doit dépenser les énergies de types différents : types physiques pour les actions mécaniques du corps, pour les émotions, les sentiments, les réflexions. Tout cela ne fonctionne que dans le cas où il est alimenté en énergie. Par conséquent, toute situation exige pour sa mise en œuvre une certaine quantité de divers types d'énergie. Mais bien sûr, ces types sont également déterminés à l'avance par le Niveau de développement de l'âme et le but de son perfectionnement. En connaissant la situation et la quantité d'énergie consommée par elles, les Programmeurs célestes calculent obligatoirement la quantité totale d'énergie dont l'homme aura besoin pour vivre. En même temps, les variantes différentes sont également calculées, car en cas de la voie courte il dépensera une quantité, et en cas de la voie plus longue - une autre quantité. Tout cela doit être pris en compte par le programme.

Par conséquent, lorsqu'un élève est désigné au Déterminant, on lui donne obligatoirement toutes ces énergies (les types en quantité et en qualité nécessaires) dont il aura besoin pour réaliser le programme de vie. Toute l'énergie pour la vie de l'élève est gardée par l'Enseignant céleste, et il lui en donne en portions selon les situations à venir. Supposons qu'aujourd'hui certains événements auront lieu dans la vie de l'homme, et pour les survivre le Déterminant donnera certains types d'énergies en quantité nécessaire ; et demain l'élève participera à d'autres événements, donc le Déterminant lui fournira déjà d'autres types d'énergies en autre quantité.

Donc, chaque personne dès sa naissance a une certaine quantité d'énergie dans les Cieux. Mais comment elle la dépensera dépend d'elle-même. Cependant, quel que soit le choix qu'elle fait dans des situations, et quelle que soit la voie qu'elle prend : de l'évolution ou de la dégradation – les Suprêmes l'obligeront à accumuler de l'énergie supplémentaire par rapport au total qui a été attribué à sa vie. Et pour le faire, ils ont beaucoup de méthodes.

Pour cette raison lorsqu'un ivrogne ou un homme dégradant par une autre voie gaspille son énergie lui donnée pour la vie, dans cette même vie (ou dans une autre), il la travaillera et produira obligatoirement un surplus. Mais cela sera déjà lié à la tragédie, aux souffrances, à une vie courte.

Question: Le temps présente l'énergie qui est posée dans le programme pour son déroulement suivant. Si cette énergie ne suffit pas, le programme s'arrêtera prématurément ? Et cette énergie du temps est-elle liée à l'énergie que le Déterminant donne à son élève chaque jour?

Réponse: L'énergie du temps est relié au programme de l'homme par ses trois composantes. Premièrement, la matrice du temps est liée à la matrice de l'âme et aux enveloppes permanentes. Deuxièmement, une énergie spéciale est fournie au déroulement du programme et sa consommation est strictement contrôlée par le temps de ce programme. Sans cette énergie, le programme ne pourra pas fonctionner, comme l'ordinateur ne peut pas marcher sans courant électrique. Cette énergie est dépensée à la construction sévère des situations, mais c'est la matrice de temps qui effectue sa gestion sévère. Si la situation doit durer trois heures, elle durera ce temps-là, ni plus ni moins.

Et, troisièmement, le corps matériel est lié directement aux unités de temps physiques qui déploient les processus physiques dans le corps conformément au programme de vie. Toutes ces catégories temporaires sont interdépendantes de sorte qu'il est toujours difficile à l'homme de le comprendre.

Pour son déroulement le programme reçoit autant d'énergie contrôlé par le temps, qu'elle ne pourra pas manquer, puisque toute variante du comportement de l'homme est bien conçue pour le la durée des événements dans la vie. Ils commencent à un certain moment, ils durent le temps prévu par le programme et ils se terminent le jour et l'heure donnés. L'homme n'est qu'un participant à ces événements, en tant qu'acteur dans la pièce. Et dans ce cas, il n'y a pas de faute de calcul.

Ce n'est pas le programme de la vie qui dirige le temps, mais le temps gère le programme. Par conséquent, il rajuste son déroulement. Mais en général, la question du temps est très profond et vaste, il est impossible de présenter dans une réponse courte cette polyvalence des relations de temps et de niveaux, qui opère dans la structure humaine. Pour le comprendre, il faut étudier soigneusement et profondément cette information sur le temps qui est donné dans nos livres. Sans cette étude, il y aura des distorsions continues de la vérité.

Question: Si l'homme devient un toxicomane ou un alcoolique, il affecte la durée de sa vie. Il s'avère que quoi qu'il fasse, il le fait tout selon programme. Pourquoi alors lui donnent-ils un tel programme? Pourquoi est-ce qu'ils n'en élabore pas un bon?

Réponse: Dans le Cosmos il y a toujours des vérifications de tout ce qui est faible et mal fait. Il n'est pas permis d'évoluer à tout ce qui a des défauts. Et pour détecter les défauts, une série de mesures de vérification a été développée. Chaque Niveau, chaque monde ont leurs propres mesures. Pour le plan terrestre, l'alcool et les drogues représentent notamment ces éléments de test. Il y a, bien sûr, plusieurs autres, mais ces éléments repèrent les défauts aux premiers stades du développement de l'âme humaine, c'est-à-dire sur les Niveaux les plus inférieurs. Il est important d'identifier le défaut le plus tôt possible afin de ne pas dépenser pour rien les moyens sur l'existence des âmes sans perspective, condamné finalement au décodage.

De bons programmes ne peuvent pas être préparés à tous, parce que sinon l'âme ne sera pas en mesure de distinguer le bien et le mal, elle n'apprendra pas à maîtriser ses désirs négatifs, elle ne pourra pas faire face indépendamment à son propre négatif. L'âme doit apprendre beaucoup, et à cette fin elle doit rapprocher, comparer, choisir et se battre contre les tentations. Des conditions sévères forment des âmes résistantes avec de fortes qualités.

BÂTIMENTS ET CHOSES ANCIENS

Question: Quand je vois de vieux bâtiments, je ressens une béatitude et un plaisir particuliers, et mon ami, au contraire, n'aime que l'architecture moderne. Comment cela peut-il être expliqué?

Réponse: Différentes sensations sont liées à votre programme: l'un est orienté à l'accumulation de nouvelles énergies, et l'autre - à la collection des énergies anciennes. Etant près des bâtiments anciens, l'homme ressent leur histoire et les événements qui s'y sont déroulés, c'est-à-dire il ressent les énergies sur lesquelles ces événements ont été construits.

Chaque bâtiment ancien a sa propre histoire, et les gens actuels sont capables de s'y immerger à l'aide des sensations ou de la raison.

L'homme peut sentir la différence entre le présent et le passé et percevoir cette différence comme une bizarrerie.

Les bâtiments sauvegardent les champs dans lesquels les événements continuent de se maintenir, comme dans la mémoire d'une personne. Par conséquent, la réalité du passé y existe, et certaines personnes qui y sont sensibles ou disposées, ressentent ce qui leur manque. Ils la prennent comme une attractivité particulière, un charme particulier du décor ambiant. Ils capturent ainsi les énergies qui leur manquent et ils les laissent passer à travers leurs sens. C'est de cette manière que leurs enveloppes se remplissent des types manquants d'énergies.

Question: À propos de l'énergie des objets. Comment l'homme est-il relié par l'énergie à ses propres objets ou aux objets appartenant aux autres ?

Réponse: Chaque objet est d'abord chargé d'une certaine énergie correspondant à la matière de fabrication et à la personne qui l'a fait initialement et donc y a mis une partie de son énergie personnelle.

Tout objet reçoit également de l'énergie supplémentaire de l'endroit où il se trouve, et de ses habitants. Cette chose entre dans le champ de l'autre homme, son nouveau propriétaire, et s'imprégné partiellement de son énergie. Si l'homme aime cet objet, alors il y a un échange d'énergie entre les deux. Toutes les choses, objets ménagés sont des absorbants d'énergies. Plus précisément, il y a un échange des énergies : ils absorbent l'énergie, la gardent pendant un certain temps et ensuite commencent à interagir avec leur environnement ou avec de nouveaux habitants. Si l'environnement ne change pas tout autour, il est constant, alors ils ne se révèlent pas, et l'échange des énergies avec l'environnement ne se produit pas. Mais dès que cet objet sera déplacé dans un autre environnement ou une nouvelle personne, et donc une nouvelle énergie, apparaît dans l'ancien environnement, un échange intense des énergies commence. Et cet homme sent souvent une influence tant positive que négative de la part de ces objets.

Question: Pourquoi l'homme aime-t-il acheter des objets?

Réponse: Les objets agissent sur les émotions. Si l'homme a accumulé de l'énergie négative, il va au magasin et il achète une chose - il donne de l'argent, il se libère de l'énergie négative et il obtient de l'énergie positive avec ce nouvel objet. Une chose inutile ne participe pas à cet échange d'énergie.

Pourquoi maintenant un tel concept comme "shopping" (du mot anglais « shop » - la boutique) a-t-il apparu ? C'est une sorte de soulagement du stress par "shopping", c'est-à-dire, la libération psychologique des émotions négatives, accumulées en grande quantité par l'homme, à travers l'achat des objets. L'homme donne de l'argent pour une chose qui lui a plu, et ses énergies négatives, ses mauvaises émotions disparaissent avec de l'argent, en revanche, des énergies positives arrivent avec la chose reçue en échange. Il compense ainsi l'un par l'autre.

Au moment de l'obtention de l'énergie, la chose était nécessaire et pendant un certain temps elle apporte de la satisfaction à l'homme. Il en ressent le besoin, il aime la regarder, entrer en contact, et cet objet alimente sa bonne humeur. Ainsi, la chose a un impact sur son maître à travers les émotions, elle travaille avec son plan émotionnel.

Tous les objets dans la maison créent une certaine ambiance, il est donc important qu'on choisisse avec goût et seulement ce qui plaise beaucoup. Ensemble, les objets formeront un certain champ énergétique. Pourquoi le climat est-il convivial et confortable dans une maison, et il est désagréable et sombre dans une autre? Puisqu'une recherche soigneuse des objets par chacun des propriétaires crée sa propre ambiance de la maison, et une autre personne peut aussi le sentir.

Les objets véhiculent toujours des émotions positives ou négatives et ce sont elles que l'homme ressent en premier lieu. Ils transmettent également le sentiment du temps passé: l'homme entre dans certaines maisons et il a l'impression que l'intérieur souffle de la vétusté et de l'obsolescence. Ceci est bien senti dans les appartements habités par des personnes âgées qui sont porteurs du temps passé.

Si une chose dégoûte l'homme, cela signifie qu'elle n'a plus de l'énergie utile pour son maître. L'homme change constamment, donc aujourd'hui il a besoin d'une énergie, et après-demain - déjà d'une autre. Et si l'objet portait un petit spectre d'énergies, elle ne satisfera l'homme qu'un petit moment.

Pourquoi, par exemple, les chaises chères faites élégamment dans le style ancien plairont à l'homme toute sa vie, et il ne voudra même pas regarder une chaise simple et primitive dans un an? Dans un produit complexe, le maître qui le crée met son âme, c'est-à-dire un grand potentiel de l'énergie et ses types différents, pour cette raison cette chose satisfera les besoins de l'âme humaine toute sa vie.

Le maître est un grand spécialiste très fort dans sa partie, et l'acheteur n'a pas encore atteint ce niveau de la maîtrise et son âme cherche intuitivement à approcher d'un tel chef-d'œuvre. Par conséquent, jusqu'à ce qu'elle n'ait atteint elle-même une telle maîtrise, cette chaise ou toute autre chose raffinée le satisfera. Et une chaise simple et primitive a reçu peu d'énergie et, de plus, de la qualité inférieure, donc, un tel produit artisanal ne peut pas longtemps avoir d'impact positif sur les émotions de l'acheteur.

Le monde des choses est fait spécifiquement pour travailler avec le plan émotionnel, avec l'enveloppe astrale de l'homme.

SUPERSTITIONS

Question: L'homme est enclin à des superstitions. Combien de bon sens et d'esprit d'observation du peuple y est présent? Et vaut-il y croire?

Réponse: La foi et la superstition sont basées sur le travail du Déterminant et de son élève. Si l'élève croit en quelque chose, le Déterminant maintient sa croyance dans les présages en envoyant des signes et des avertissements à travers eux. Si l'homme ne croit pas et ignore certains présages, alors le Déterminant soutiendra son incrédulité, et les présages dans sa vie ne se réaliseront jamais. Le Déterminant n'utilisera pas des signes en lesquels l'élève n'a pas foi, et Il essaiera de le mener dans la vie sans tels avertissements. Si, par exemple, un chat noir a traversé la route et l'homme n'y prête aucune attention, alors il ne lui arrivera rien de mal, puisque dans ce cas le Déterminant gère la situation de telle manière qu'elle se déroule normalement.

Autrement dit, pour une telle personne, les avertissements seront déjà différents, et l'homme doit apprendre à les reconnaître et à agir en conséquence. Par exemple, le Déterminant peut envoyer des avertissements à son élève dans des rêves, dans des faits à comparer et ainsi de suite.

De très vieux présages existent pour éveiller l'esprit d'observation et la vigilance chez des gens inférieurs. Les présages populaires ont été formés au cours des milliers d'années. Chez les hommes hautement spirituels, cela se transforme en intuition. Et l'homme doit déjà analyser des événements ou essayer de sentir les résultats d'un événement futur en fonction de l'intuition. Par exemple, il ne voulait pas vraiment prendre le train, il a suivi son désir en restant chez lui et le train a eu une catastrophe avec un grand nombre de victimes. Autrement dit, l'homme a ressenti au niveau de l'intuition une tragédie future et a pu l'éviter.

Si le Déterminant a besoin de développer chez l'homme l'esprit d'observation par le fait qu'il doit remarquer les moindres détails dans l'environnement, Il essayera de fixer l'attention de l'élève sur un certain fait ou objet. Par exemple, avant l'ouragan, il y a quelques changements dans la nature. Et l'homme doit remarquer beaucoup de détails avant son début. Cependant seule l'âme développée peut le faire : elle verra, comparera, rapprochera les uns et les autres et analysera tout ce qui se passe dans son ensemble. Par conséquent, ce sont des âmes assez supérieures qui créent de tels présages.

Une âme moins développée remarquera des présages plus vulgaires, comme un chat noir qui traverse la route; le chiffre treize comme malchance; l'oiseau qui vole dans la fenêtre comme signe de malheur, etc. Des générations entières apprenaient de cette façon l'esprit d'observation, l'attention et la croyance en présages était soutenue par la répétition des mêmes situations. La foi dans les présages était soutenue par le transfert des connaissances d'une génération à une autre: la grand-mère communique à sa petite-fille, la petite-fille - à sa fille, etc. Mais celui qui a entendu parler d'un présage, s'orientera vers elle et prendra des mesures appropriées pour éviter des conséquences négatives.

Quand l'homme met sa volonté au-dessus des présages, le Déterminant travaille avec lui de sorte qu'il croie davantage à ses forces et à ses capacités, et pas aux présages des personnes inférieures. Mais cet homme doit alors travailler sur son intuition, et c'est une manière de voir des situations futures d'un autre point de vue.

Question: Qu'est-ce qu'il y a au-dessus des présages?

Réponse: Votre propre intuition, l'esprit d'observation, la capacité de penser logiquement, de comparer. L'homme doit apprendre à voir dans sa situation personnelle une série de petits indices, suivant lesquels il est nécessaire de reconstruire le schéma des événements futurs.

L'homme hautement développé ne doit pas trop croire en présages, puisque les âmes inférieures suivent leurs situations, et les âmes supérieures passent par les autres, et ce qui peut se réaliser pour les premières, ne se réalisera pas pour les secondes. Chaque homme doit apprendre à voir son avenir et être vigilant pour ne pas tomber dans le piège des raisonnements faux. Chacun doit avoir ses propres indices.

Par exemple, une personne voulait prendre la voiture qui a un moteur en panne. Elle est sortie de la maison, mais elle s'est souvenue qu'elle avait oublié les clés, et elle a dû revenir. C'est un présage qu'elle aura des ennuis. Et ces derniers ne sont pas quelque part loin, en avant, mais tout près dans la voiture elle-même. L'homme devrait prêter l'oreille au travail du moteur, être vigilant. Et le retour à la maison c'est un signe de la part du Déterminant, qui ne dit pas que les ennuis l'attendent à l'avenir, mais qui l'incite à faire travailler sa raison à ce moment, à réfléchir de quel côté une menace peut survenir. Et, bien sûr, ici, tout est aussi au cas par cas.

COMMENT VÉRIFIER QUI VAMPIRISE L'ÉNERGIE

Question: J'ai entendu parler que les proches peuvent également "vampiriser" ton énergie. Comment vérifier si l'homme vampirise ou non?

Réponse: Oui, il y a des gens qui parasitent leurs proches, en drainant leur énergie. Si vous vivez ensemble avec un vampire énergétique pareil pendant longtemps, il commence à dépendre notamment de vous. Par conséquent, vous pouvez vérifier de cette façon: vous allez vivre temporairement chez un ami ou chez d'autres proche. Et dès que vous serez parti, dans une semaine environ, la santé du proche qui «vampirise» empirera. Il essaiera par tous les moyens de vous faire revenir. Il ne se sentira pas bien jusqu'à ce qu'il trouve une nouvelle victime.

C'est une sorte de paradoxe : choisir entre votre santé et celle de votre proche. Vous pouvez vous-aussi éprouver des fortes douleurs dans les organes les plus faibles, sur la période de vol important de votre énergie, et les médecins ne trouveront aucune anomalie dans votre santé. À leur avis, les organes seront sains et vous souffrirez périodiquement des crises de douleur aiguë.

Pour être indépendant d'un tel vampire, il faut vivre en autonomie et à distance de lui, essayer de ne pas entrer en contact au téléphone, car la connexion téléphonique permet au vampire de voler aussi l'énergie dont il a besoin. Si vous vous éloignez du vampire, vos propres douleurs passeront, vous commencerez à vous sentir mieux physiquement.

Si la nécessité de communiquer avec une telle personne s'impose tout de même, essayez de rester à côté d'elle pas plus d'une heure, voire moins, afin qu'il n'ait pas le temps de s'agripper.

Mais il est à noter qu'un vampire ne peut pas drainer de l'énergie de toute personne, il la volera seulement de l'homme qui a dans ses structures subtiles ces types d'énergie dont il a besoin pour sa propre activité ou pour nourrir ses organes malades. Le vampire n'a besoin que de certains types d'énergies. ils ne sont pas capables d'établir une liaison avec beaucoup de gens tout simplement parce que ces derniers ont le potentiel énergétique plus puissant ou qu'ils sont construits sur la base des énergies dont les vampires n'ont pas besoin.

Un autre moyen de tester le vampirisme est plus complexe et il est basé sur le placement mental de soi-même dans une boule de miroir chaque jour et chaque nuit, c'est-à-dire il faut apprendre à installer la protection sur le plan subtil. Cela nécessite une bonne imagination et le savoir de gérer l'énergie personnelle. Ayant ce savoir-faire de se protéger et de garder l'endurance émotionnelle, on peut continuer à vivre à côté d'un proche vampire, sans nuire à sa propre santé.

Si vous réussissez le second moyen – l'installation de la protection énergétique – l'état de votre proche se détériorera et vos douleurs passeront. Mais l'alcool détruit la protection. Donc, à cet égard, vous devez faire abstinence.

CHAPITRE 5
INTELLIGENCE ET MENTALITÉ

L'homme continue de se préoccuper du développement de sa propre intelligence. Chacun voudrait, bien sûr, accélérer son évolution, mais il est douteux que quelqu'un sache comment le faire. Le développement par l'acquisition des qualités de l'âme c'est la participation à certaines situations, et le développement de l'intelligence prévoit la participation à d'autres situations. Cependant, le lecteur curieux cherche des moyens de faire progresser notamment sa Raison, donc, nous essayerons d'examiner tous ensemble les options qu'il propose.

Question: Il y a des informations que si l'on se libère des pensées, des sentiments, de la raison, ou plus précisément purifier les quatre corps inférieurs, alors l'âme commencera à travailler, à mieux se développer, à progresser plus vite. Est-il vrai?

Réponse: Il faut regarder sur quel Niveau du développement l'homme se trouve. Ce qui est bon pour l'un est nuisible à l'autre. Tout nettoyage n'est utile que s'il débarrasse les enveloppes subtiles des énergies "sales". Elles peuvent, en effet, empêcher l'homme de prendre conscience de certaines choses, elles amortissent la sensation du monde subtil. Et en se purifiant de ces saletés, l'âme développée accélère son développement, puisqu'elle commence à mieux fonctionner, comme tout appareil nettoyé.

Mais si cette âme est jeune, alors elle peut se purifier par plusieurs moyens, mais cela ne l'aidera pas à devenir plus intelligente, meilleure, plus talentueuse. Toute qualité, et surtout la qualité d'intelligence, est acquise grâce à un travail dur.

Il est impossible, par exemple, au cours d'une vie, de former les qualités telles que le calme ou la bonté, d'apprendre à comprendre les souffrances des autres ou de devenir spécialiste de première force dans un domaine quelconque de connaissance. Cela nécessite plusieurs vies et un travail dur sur soi-même.

Tout développement dépend de la construction des cellules dans la matrice de l'âme. Et elles se forment difficilement et longtemps. Vous ne deviendrez jamais calme jusqu'à ce que vous ne construisiez complètement dans la cellule, par exemple, une hiérarchie de la qualité émotionnelle. Il faut savoir maîtriser ses passions agressives ou basses, les supprimer, parce que lors de la répression des sentiments bas on se voit développer de hautes qualités opposées, comme la volonté. Le savoir de contrôler les sentiments développe la maîtrise de soi, la conscience.

Quant à la Raison, esprit humain, elle ne peut être acquise que d'une seule façon - par ses propres réflexions, par la connaissance du monde qui entoure. Et l'esprit ne s'ajoutera pas suite à la simple purification de l'enveloppe mentale. Pour L'homme ayant le Niveau bas, la purification ne fera pas grand-chose, puisqu'il n'est pas capable de vivre correctement, et continuera à faire des erreurs et à accumuler de nouvelles saletés. L'essentiel est d'apprendre à l'homme d'agir correctement, de faire lors des situations des choix qui plaisent au Suprêmes. C'est en cela que consistent le développement et l'évolution dans le sens positif.

Il faut développer l'intelligence, parce qu'elle est si primitive chez les humains que même les extraterrestres ne veulent pas communiquer avec les gens. Ils disent: "Nous n'avons rien à parler avec un homme." Pour leur parler, il convient d'acquérir des concepts cosmiques, et l'homme, ne comprend rien sauf son plan de la vie de tous les jours, il ne comprendra pas leurs récits sur l'univers, comme un sauvage ne comprend pas les histoires d'un citadin sur la civilisation.

Il est nécessaire de posséder au moins des connaissances primitives sur l'espace pour atteindre le niveau de communication avec les extraterrestres. Nous en parlons, pour que tout le monde comprenne que chaque qualité doit être développée, elle ne viendra pas toute seule. Il n'est pas possible de "verser" de nouvelles connaissances dans l'homme, dans ses enveloppes vierges, comme des grains dans un sac vide. Tout doit être construit, même le bagage de ses propres connaissances ne doit pas être formé par la simple contemplation, mais grâce à sa propre compréhension de ce qui est vu et entendu, senti et analysé. Et tout ce qui restera impensé, représentera notamment ces décombres dont il faudra ensuite purifier les enveloppes subtiles.

Cependant, il existe une exception à la règle.

L'intelligence est parfois donnée à l'homme selon le programme sous forme de l'avance à condition qu'il acquière certaines qualités dans le corps astral. Autrement dit, il reçoit la possibilité d'analyser certains processus, de créer, de concevoir quelque chose de nouveau. Mais il fait tout cela en interaction avec le programme, le cerveau physique développé, le cercle à impulsion particulier et " inspirations" de l'Enseignant céleste, envoyant à son élève ses idées, des théories, des découvertes et bien plus encore. Ce que l'homme perçoit comme sa grande capacité de penser est un système complexe de travail d'un certain nombre de dispositifs techniques du plan subtil, du programme et de son Enseignant céleste.

Il arrive parfois, et l'homme le sent bien, que les pensées courent dans sa tête si vite qu'il n'arrive pas à les noter, et parfois, il arrive aussi que la tête est vide, aucune pensée, et l'homme dit: « Curieusement, je ne peux pas écrire aujourd'hui, je ne peux pas travailler ». Et c'est tout simplement parce que son Enseignant Céleste est occupé, et ne lui envoie pas de nouvelles pensées. Et quand elles jaillissent, cela signifie que l'homme est connecté à son Enseignant, qui lui transmet des informations à travers le dispositif d'un plan subtil, que nous appelons un « ordinateur ». Autrement dit, si l'Enseignant est occupé avec ses affaires "célestes", l'élève ne peut pas travailler et il n'y a aucune pensée dans sa tête.

Et si, le matin, une nouvelle théorie se forme dans la tête du savant, donc son Enseignant céleste en a pris la peine. Pendant que l'étudiant dormait, comme c'était le cas de Mendeleïev avec sa table, Il (et peut-être tout un Système) a créé cette théorie ou cette invention et Il l'a mis dans la tête de son élève. Et il ne reste à ce dernier qu'à la noter correctement, faire à lui seul le point de tout pour la transmettre sous une forme accessible au reste du monde. Quand l'homme commence tout seul à formuler cette théorie sur un morceau de papier, elle réfléchit à la meilleure façon de la présenter aux gens, de la noter plus clairement et en détails, et ainsi, son propre entendement se développe.

Mais il ne faut pas le comprendre comme le fait que l'homme lui-même n'est pas du tout capable de penser. De cette façon ci-dessus mentionnée, on apprend à l'homme de réfléchir. Le plus souvent, il ne reçoit qu'une idée, qu'il doit développer lui-même en théorie. Et comment il le fera dépend de sa capacité de penser, de comparer, de trouver certains faits pour prouver.

Les théories et les inventions sous forme achevée ne sont données que si les connaissances doivent être exactes, c'est-à-dire, il est indispensable de les présenter à la société avec une précision maximale (comme, par exemple, le théorème de Pythagore, le tableau périodique de Mendeleïev, les réalisations des vaisseaux spatiaux de Tsiolkovski, etc.). Pour ce type d'information, la pureté de la réception est importante, c'est-à-dire la capacité du savant à recevoir et à comprendre avec précision les informations qui lui sont envoyées de l'Au-delà. Et pour cela, une telle âme doit elle-même être très développée à ce titre, afin de comprendre à elle-seule cette information. La réception de telles informations pour toute l'humanité est impossible sans qualités similaires personnelles, déjà acquises dans le passé.

Donc, il ne faut pas comprendre quelque chose sans ambiguïté. Si l'information est donnée, elle sera explicitée de différentes manières pour les Niveaux différents, et il sera nécessaire d'introduire des précisions et des ajouts pour la rendre plurivoque.

Le Déterminant n'envoie à son élève que les connaissances qu'il est capable de comprendre et d'analyser. Par exemple, un physicien et inventeur Nikola Tesla, né en Croatie en 1856, qui a été appelé « Maître de la foudre », était bien conscient qu'il recevait toutes ses grandes idées de l'Au-delà de son Enseignant, donc il avouait: « Ce n'est pas moi qui suis auteur de ces idées ». Il comprenait qu'à travers lui les Suprêmes envoyaient à l'humanité de grandes inventions et découvertes. Il est juste un instrument pour les faire passer aux gens. Et il n'hésitait pas à l'avouer et il ne s'attribuait donc pas des idées des autres.

Pourtant, pour la plupart des scientifiques, cette déclaration peut apparaître comme une idée extravagante d'un grand homme. Et ils prouveront, écumant de colère, qu'ils ont fait eux-mêmes toutes leurs découvertes, qu'une idée leur traversait l'esprit au bon moment. Et qu'est-ce que cela représente au niveau subtil ? C'est justement un envoi à son élève par l'Enseignant céleste de l'idée qui couronne la recherche de la pensée de l'homme, c'est une sorte d'inspiration de la réponse déjà prête. Après tout, habituellement, l'homme ne reçoit une telle idée que s'il cherche quelque chose par la pensée depuis longtemps, s'il essaie de trouver la réponse à quelque chose. Et en voyant que son élève est entré dans l'impasse, l'Enseignant lui fait une telle inspiration sous forme d'une solution toute faite ou au contraire Il indique par une idée appropriée la direction dans laquelle la réflexion doit avancer.

Afin d'être révélées, toutes les idées importantes ne sont envoyées qu'à des esprits préparés qui sont capables de les déchiffrer sous la forme de certaines justifications théoriques. Autrement dit, cet homme devait déjà faire des accumulations mentales dans ce domaine de la connaissance, sinon l'idée sera perdue. Il est inutile d'envoyer une idée à une jeune âme dont l'intérieur est vide. Même si elle appréhende l'idée, elle ne sera pas capable de la déchiffrer et de la faire passer aux gens de façon compréhensible. Dans le pire des cas, la jeune âme ne la comprendra pas du tout: quelque chose lui vient à l'esprit, mais quoi exactement, n'est pas clair. Des idées d'importance locale sont envoyées à chaque élève dans le but de son évolution. Des idées simples suggèrent ce que l'homme doit faire dans une telle ou telle situation donnée, comment vivre désormais, comment sortir de l'impasse, etc.

L'homme ne comprend pas encore comment il pense vraiment. Pour le tester, analysez vos rêves. Comment agissez-vous dans vos rêves, êtes-vous capable de penser là-dedans? Parfois, l'homme est intellectuel, et dans le rêve, il nage comme une amibe. Il n'a pas de pensées concrètes, il y agit seulement, dans son rêve. Cela prouve que la matrice de l'âme n'a pas accumulé des énergies mentales capables de travailler indépendamment sans un cerveau physique et sans certaines structures auxiliaires du plan subtil. L'homme ne pense que grâce au cerveau physique et au programme qui lui est donné par l'Au-delà.

À l'heure actuelle, les Suprêmes ont fixé la tâche pour que les gens de la nouvelle sixième race développent leur intelligence et mettent tout l'accent sur elle. L'homme perçoit l'information des livres à travers les mots. Cette forme verbale de connaissance a considérablement ralenti son développement. Les extraterrestres peuvent lire un livre épais en quelques secondes, car ils ont un sens visuel différent et une autre perception des concepts et du monde. Par conséquent, dans la nouvelle sixième race, on apprendra à l'homme un nouveau mécanisme de pensée. Et actuellement, il est utile à l'homme de lire et d'étudier tout ce qui est inconnu. Cela développe sa pensée et contribue à remplir la matrice de concepts par des structures nécessaires.

Question: L'un des devoirs de la 5ème race était d'agir consciemment sur les plans. Que fallait-il faire pour cela?

Réponse: Je pense qu'il fallait développer la mentalité, une enveloppe mentale. L'homme devait engager son cerveau physique à 50% vers l'an 2000, il devait apprendre à penser de façon indépendante. Et c'est exactement ce qui contribuerait au développement du plan mental.

En fait, il n'a développé le cerveau qu'à 3-6%, ce qui a causé un retard dans le développement de l'enveloppe mentale et l'absence dans la matrice de l'âme des structures nécessaires. La plupart des gens ne sont pas capables de penser. La capacité de parler sur le plan de la vie quotidien ne signifie pas encore la capacité de réfléchir. Beaucoup est lié au travail du programme personnel de l'homme. Si supprime le programme chez une jeune âme, alors une telle âme cessera de penser.

Le développement de la mentalité consiste à analyser ce que vous faites, c'est la capacité de planifier et de voir les conséquences de vos actions. L'homme agit le plus souvent de manière impulsive, au hasard, selon la situation, et généralement dans le sens de son profit. Il s'est habitué à agir à sa fantaisie, spontanément, comme cela vient à l'esprit. Par conséquent, beaucoup de ses actions détruisent les rapports sociaux. Et à un niveau subtil, le développement de la mentalité est lié à des structures spéciales notamment dans l'enveloppe mentale. Pour former ces structures à l'intérieur de soi, l'homme doit penser, réfléchir constamment.

Les Suprêmes, par exemple, comprennent qu'avant de faire quelque chose, il faut penser aux conséquences. Même les scientifiques terrestres ne pensent pas aux conséquences. Pourtant c'est primordial. D'ailleurs, la pensée permanente des Suprêmes est fondée sur le fait que la Raison Supérieure prévoit constamment toute une série de conséquences pendant la réalisation de certaines actions. Par exemple, la cause et l'effet. L'homme voit essentiellement la première conséquence comme le résultat de cette action, et les Suprêmes peuvent prévoir la millième conséquence de la cause première. C'est en cela que consiste le développement du plan mental humain, l'homme doit apprendre à penser aux conséquences et à évaluer ses pas à l'avenir aussi loin que possible dès le début d'une action, d'un acte, et apprendre à faire des créations mentales. Mais pour que cela devienne possible, il est obligé de former le plan mental, c'est-à-dire une enveloppe mentale, par le travail dur de sa pensée. Et pour cela, il est nécessaire de penser et de penser, de résoudre différents problèmes: sociaux, physiques, mathématiques, environnementaux, créatifs et techniques, etc.

Question: Que pensez-vous de ouvrages des scientifiques sur l'étude du cerveau humain?

Réponse: Les savants étudient le cerveau physique d'un homme comme par le passé. Cela équivaut à essayer de comprendre le travail d'un poste de télévision en étudiant seulement les lampes, les transistors et d'autres détails matériels, sans tenir compte de l'action du courant électrique, des champs magnétiques et d'autres composantes "subtiles" et invisibles sans lesquelles il est impossible de comprendre le travail du poste de télévision.

Il en est de même du cerveau matériel de l'homme. Bien sûr, pour le développement général des concepts humains, cette connaissance a une certaine importance, l'homme est capable d'apprendre sur un modèle grossier, pourtant utiliser entièrement les connaissances du passé en les appliquant à quelque chose de nouveau sera problématique. Il y aura toujours quelque chose qui ne sera pas compris, il y aura toujours une incohérence entre les deux. Par conséquent, il est nécessaire pour le moment d'ajouter aux recherches sur le cerveau physique les études du cercle à impulsion et de l'enveloppe mentale. Et si on prend en considération que les sentiments aident également l'homme à comprendre beaucoup, alors il faut y ajouter l'enveloppe astrale. Pour rendre cette étude encore plus profonde, il faut alors ajouter le travail de la matrice des concepts, des mots, du temps, de la conscience et de la subconscience sous l'angle de présentation sous lequel ils sont donnés dans notre information.

En outre, il ne faut pas oublier que la structure subtile de l'homme de la sixième race se diffère de la structure du représentant de la cinquième race. Si l'homme, par exemple, n'en tient pas compte et commence à appliquer ses connaissances du passé à ce nouveau modèle de l'homme, il ne portera que préjudice à ce nouveau.

L'homme continue à penser à l'ancienne, considérant que toutes les qualités de caractère et les capacités de l'individu dépendent de son cerveau. Et ce n'est pas le cas. Tout dépend des enveloppes subtiles de l'homme et de sa matrice, c'est-à-dire de l'âme. Tous les mystères de l'homme sont cachés dans son Âme. Et le cerveau n'est qu'un véhicule des qualités de l'âme pour qu'elles se manifestent dans le monde physique. Toutes les capacités humaines sont dans ses structures subtiles. Par conséquent, absolument tout est maintenant visé à promouvoir l'étude par des gens du plan subtil.

Question: Je me suis perdue, comment distinguer la pensée-impulsion du Déterminant, les impulsions de la matrice et mes propres pensées? Vous avez écrit à ce sujet, mais je ne m'y suis pas reconnue. Cela dépend du Niveau du développement de l'âme? Il me semble que je n'ai pas tout simplement assez d'accumulations pour bien sentir la différence dans ces impulsions?

Réponse: Toutes ces différences mentionnées sont difficiles à faire pour l'homme, car il n'a pas de longue expérience sur toutes ces différences mentionnées. Les gens ont assez récemment appris qu'une telle division peut être faite. Donc, cela nécessite simplement l'entraînement, l'analyse des pensées, des idées qui viennent à l'esprit. Tout ce qui est le plus supérieur et plus inhabituel, bien sûr, vient de l'Enseignant. Il suggère même quelques idées pour la vie de tous les jours. Si certaines idées provocatrices apparaissent dans la tête, elles peuvent venir des essences négatives qui font pénétrer à l'homme d'une façon télépathique leurs idées pour le provoquer à faire un crime ou à commettre des erreurs. Par conséquent, tout d'abord, il est nécessaire de séparer les impulsions en bonnes et en mauvaises.

Deuxièmement, il est nécessaire de distinguer les désirs de son corps matériel des besoins spirituels de l'âme. Toutes les demandes spirituelles proviennent de la matrice de l'âme. Beaucoup de gens, par exemple, prennent leurs appétences sexuelles pour l'amour, bien que ce soit purement un besoin de l'enveloppe matérielle, et cela ne peut pas se rapporter au sublime. La spiritualité consiste en sentiments sublimes d'amour pour l'homme, manifestés pas par le sexe, mais par l'attention à lui et par l'aide. Les impulsions sexuelles proviennent du corps physique, de son programme.

Troisièmement, si l'homme ressent des impulsions sous forme de certains désirs, d'instincts de nature matérielle, cela peut venir de l'âme confondant les appétences avec le besoin du développement spirituel. Par exemple, le désir de passer le temps dans un restaurant, un café est une satisfaction des besoins du corps, mais la satisfaction, enveloppée dans un emballage de passe-temps culturel. Ou, par exemple, la poursuite des biens matériels représente des désirs venant de l'âme, qui prend faussement des valeurs matérielles pour les valeurs spirituelles. Autrement dit, en raison du manque d'expérience spirituelle de l'homme, les aspirations positives et négatives s'embrouillent, ce qui équivaut à la confusion du mal et du bien.

Si l'homme peint un tableau, il se développe spirituellement ; mais s'il court après un œuvre d'un auteur afin de l'acheter pour une grosse somme, alors c'est une expression des désirs déformés de l'âme de se réaliser dans le plan spirituel. Et si la personne qui peint accumule de l'énergie positive dans sa matrice, celle qui recherche un tableau de l'autre pour une forte somme accumule de l'énergie négative, parce que c'est une qualité négative comme l'égoïsme qui se développement.

Il faut également distinguer ce qui est sublime et inférieur, matériel et subtil. Le Déterminant enverra toujours des impulsions qui poussent vers le Suprême, et tout ce qui est terre-à-terre peut venir de l'âme humaine, de ses qualités non développées.

Certes, l'homme n'a pas encore une telle expérience pour s'y connaître en toutes ces subtilités, mais tout cela s'acquiert grâce aux entraînements et le désir de comprendre, de faire le point sur ce qui l'entoure. Il faut s'écouter, réfléchir, analyser, distinguer selon les qualités.

Question: L'esprit c'est bon, mais l'intuition est supérieure à la raison. Est-ce vrai et pourquoi?

Réponse: Oui, l'intuition est supérieure à l'intellect, car elle permet de voir un avenir lointain et de se diriger vers lui. L'intelligence moderne oriente l'homme vers le travail avec des événements actuels, elle apprend à analyser et à résoudre les situations correctement. L'intuition permet de ressentir les conséquences du moment présent, créé par une ou plusieurs personnes. L'intuition permet également de ressentir les énergies plus supérieures, son programme. Et la sensation du Supérieur est donc la bonne exécution du programme personnel. Il existe plusieurs types d'intuition. Mais l'homme doit développer au moins un de ses types.

Pour la sixième race, elle sera la norme. Et vous devez chercher à écouter ce que la voix de votre âme, de votre conscience vous inspire, alors vous ne ferez pas d'erreurs. Il appartient donc d'agir au niveau de l'intuition. Et vous pouvez vous assurer comment fonctionne votre intuition en apprenant à prévoir le résultat d'un tel ou tel événement ou d'une telle ou telle action. Il faut essayer de donner des réponses à un événement avant qu'il ne soit terminé. Par exemple, vous allez faire un voyage d'affaires, écouter vos sensations, votre âme: si vous vous sentez calme ou si vous sentez une certaine anxiété, une incertitude. Si vous sentez le dernier, donc, le résultat sera négatif ou vous risquez d'avoir des soucis lors de votre déplacement. L'âme apprend aussi à ressentir les événements futurs, et puisque ce sont les qualités des Suprêmes, l'homme doit encore les acquérir.

L'intuition des Individus suprêmes se transforme avec le temps dans le don de prévoyance, et c'est une capacité de prévoir immédiatement à partir d'un certain nombre d'actions ou d'événements de l'heure actuelle le résultat le plus éventuel pour cet homme ou cette Essence.

L'intuition est la capacité de prévoir.

Sur le plan subtil, ce sont aussi certaines structures énergétiques que l'âme crée lors d'un développement approprié dans cette direction. Cette qualité se développe également à la suite des erreurs et du travail obstiné de l'âme.

Question: L'esprit et l'intuition sont-ils des qualités différentes?

Réponse: Oui, ce sont des qualités différentes. Elles sont formées dans les différentes cellules de la matrice et elles ont la structure interne différente, de sorte que les fonctions de leur action sont différentes.

ÉTUDES DES ÉNERGIES

Question: Le Cosmos encourage-t-il toutes recherches de différents types d'énergies ou seulement bien définies? Et quelle énergie considère-t-il préférable pour que l'homme l'utilise en ce moment?

Réponse: Il est nécessaire d'étudier les énergies subtiles, à savoir, d'élargir un éventail des énergies physiques connues de la science dans l'un et dans l'autre sens de la bande connue. Il faut passer à un autre niveau de recherche. Le Cosmos est plein d'énergies et l'humanité souffre du froid, c'est le résultat de la limitation de la connaissance humaine.

Mais il y a les directions que les Suprêmes n'encouragent pas. Par exemple, l'énergie atomique. Bien qu'initialement le Système négatif nous ait fait passer cette connaissance pourtant en observant l'humanité les Suprêmes ont conclu que l'utilisation de ce type d'énergie par l'homme n'était pas prometteuse. Il est nécessaire de se concentrer sur d'autres types d'énergie.

Afin que l'homme puisse voir les effets néfastes de ces réalisations, les Systèmes supérieurs négatifs organisent les accidents des centrales nucléaires et des sous-marins, en faisant preuve par cela même des conséquences éventuelles de la pollution de l'environnement. C'est ainsi qu'ils essaient de tirer l'attention de l'homme d'un type d'énergie vers une autre.

Il y a déjà des réalisations des scientifiques qui ont pu détecter de nouveaux types d'énergie, mais jusqu'à présent, elles ne sont pas encore officialisées. De nouveaux types de combustibles peuvent chauffer les villes, ils peuvent ravitailler des voitures sans nuire à l'environnement. Mais on nous a dit que toutes ces inventions étaient laissées dormir pour le moment dans les bureaux des fonctionnaires, et il y avait une menace qu'elles pouvaient être enterrées. Comme d'habitude: des inventions sont faites, mais la plupart d'elles ne quittent pas les bureaux des fonctionnaires. Autrement dit, les réalisations prometteuses sur l'utilisation par l'humanité de nouveaux types d'énergie existent, et elles sont intéressantes pour le Cosmos, mais, comme toujours, tout passe par les mains des gens incompétents et cupides qui ne sont pas capables en raison de leur propre emmurement de comprendre la profondeur et les perspectives, et de ce fait beaucoup de projets disparaissent dans les poubelles.

Question: Il y a une doctrine de Sri Aurobindo, le Yoga intégral, l'ascension par la méditation. Est-il possible d'atteindre la spiritualité et de monter par la méditation? Est-ce correct ?

Réponse: Tout dépend du savoir de l'homme de se servir de la méditation et de son Niveau de développement.

Lors de la méditation, on utilise la méthode technique qui ouvre les structures subtiles de l'homme et lui permet de mieux « entendre » son Déterminant qui aide son élève à comprendre le sujet l'intéressant. La méditation enseigne à se concentrer sur la pensée, les idées et à les développer. Les méditations sont données principalement aux gens ayant le Niveau bas et étant incapables d'appréhender quelque chose, de comprendre, pourtant qui aspirent à la spiritualité et pour cette raison on crée pour eux ces techniques simples apprenant à engager l'intellect dans le travail.

Le savant, par exemple, est également capable de se concentrer sur l'idée et de la développer en théorie. Mais pour cela, il n'utilise pas la méditation, parce que son esprit est suffisamment développé et il est capable de se mettre au travail à tout moment. Dans ce cas, le scientifique peut tout de suite repousser tout ce qui l'empêche de penser (bruit étranger, musique). Il se donne immédiatement à fond dans son idée, et le monde cesse d'exister pour lui. Et l'homme de Niveau inférieur doit apprendre par la méditation à se concentrant sur une seule pensée. D'habitude, il essaie de penser à quelque chose, mais l'idée s'envole immédiatement, une dizaine d'autres pensées apparaissent dans la tête, et il sera obligé de les chasser par la force de volonté et de revenir à la première.

Tout d'abord, la méditation apprend à ne pas faire attention aux perturbations et à se concentrer sur une seule pensée. L'intelligence développée n'en a plus besoin. Elle est capable de s'impliquer dans le travail quelle que soit la situation et l'interférence. Donc, ceux qui ont l'intelligence développée n'ont pas besoin de méditation. La méditation apprend à débarrasser le canal de tout ce qui est étranger, c'est-à-dire à nettoyer la connexion du canal avec le Déterminant, ce qui aide à mieux l'entendre.

Certaines jeunes âmes prennent pour la méditation la séance quand elles sont tout simplement assises sans bouger avec une tête vide. Si l'homme n'est pas capable de penser, alors peu importe combien de temps il sera assis en méditant, aucune théorie sur le sujet donné n'apparaîtra pas dans sa tête. Si, par exemple, dans un état de méditation, Osho donnait des traités entiers sur le sujet défini, alors c'était déjà un individu développé, il était Enseignant, et pas élève, donc il maîtrisait parfaitement la méditation pour développer ses informations.

Il faut former l'intelligence, travailler sur elle. L'enveloppe mentale est capable de se construire et de se remplir seulement grâce à son propre travail de la pensée. Le meilleur exercice pour développer l'intelligence est le travail permanent de la pensée.

En ce qui concerne la spiritualité, c'est l'assimilation des Energies supérieures et la formation sur leur base des Qualités supérieures de l'âme. Sans actions, sans actes réalisés par l'homme, aucune spiritualité ne peut être acquise. Par conséquent, il est impossible de devenir spirituel à partir d'une seule méditation. Les individus négatifs peuvent aussi méditer. Mais la question est: à quelles fins dépenseront-ils l'énergie supérieure reçue pendant la méditation.

Question: Si l'humanité a besoin d'une autre voie pour son développement - le passage du technocratique au spirituel, n'est-il pas possible d'envoyer les gens de l'Au-delà qui dirigeraient strictement l'humanité vers la voie du développement spirituel?

Réponse: C'est possible. L'histoire en connaît plusieurs exemples. Prenons le christianisme. Au début, il n'a pas été accepté, et il a été imposé de force à l'aide de l'armée des Croisés. Ils tuaient tous ceux qui ne voulaient pas se convertir, c'est-à-dire adopter le christianisme. Par peur de la mort, les gens se sont tournés vers une nouvelle foi.

Et sur le plan technique, cela signifiait que les gens passaient de vieilles énergies vers de nouvelles énergies. Ils ont commencé à travailler avec le spectre des énergies que le Christ portait. C'était un changement à la fois artificiel et forcé du travail avec l'ancien spectre d'énergies pour le travail avec un nouveau spectre d'énergies.

C'était la voie du développement spirituel correspondant à la prochaine étape du perfectionnement de l'humanité. Le tournant a été réalisé au cours d'une période notablement courte (courte pour le Cosmos), et sans telle intervention de l'Au-delà cette conversion vers le christianisme aurait pu en général ne pas avoir lieu, parce que l'homme, à cause de son conservatisme et sa lâcheté avait peur de toutes les nouveautés et les rejetait toujours. Donc, les Systèmes cosmiques peuvent effectuer des tournants pareils. Pourtant, ils décident si c'est nécessaire ou pas nécessaire en fonction des objectifs communs. Cela est réalisé par le Système Négatif sur demande du Système Positif. Autrement dit, au début, l'imposition forcée du christianisme par les Croisés, impliquant de nombreuses victimes et des épreuves des gens, était négative. Mais plus tard, quand l'humanité a reconnu la Foi chrétienne, cela s'est transformé en un facteur positif.

Question: Est-ce qu'une demi-heure des exercices de respiration donne moins d'énergie qu'une demi-heure de la lecture sérieuse?

Réponse: Comme nous l'avons déjà dit, les exercices de respiration ne forment que l'enveloppe éthérée, et les livres, les connaissances qui passent par la réflexion et la prise de conscience, aident à développer la matrice de l'âme. La lecture superficielle forme les capacités négatives de l'homme, notamment, de considérer les choses à la légère, de ne pas aller au fond des événements. L'homme doit impliquer des informations reçues dans le travail de sa pensée, rassembler des connaissances, établir un rapprochement et comparer des faits. C'est dans ce cas seulement que l'énergie s'accumule dans l'enveloppe mentale.

Si l'on compare les exercices de respiration et le travail de l'intelligence par la lecture réfléchie, le premier (les exercices de respiration) * produit de l'énergie du Niveau physique et inférieur, donc, il est en dessous de l'énergie acquise par l'homme grâce à la lecture de livres scientifiques et d'autres ouvrages sérieux. Le seconde (la lecture réfléchie) * aide l'homme à accumuler des énergies plus puissantes du plan subtil. Et n'oubliez pas le plus important, que la lecture réfléchie crée les processus subtils de réflexion au sein de la matrice et de vos corps énergétiques.

Question: Quelle est la manière la plus progressive d'augmenter l'énergie de l'âme? Que faut-il faire?

Réponse: Il existe différentes méthodes pour différents Niveaux du développement de l'homme. Pour les jeunes âmes, ce sont des méditations et différents types de combats, comme le kung-fu, qui sont directement liés à la maîtrise et à la gestion des énergies. Les exercices de respiration contribuent également à augmenter l'énergie des enveloppes éthérée et astrale, ainsi que tous les types de lutte énergétique n'augmentent l'énergie que des deux premiers corps subtils.

Les Niveaux moyens du développement de l'homme combinent généralement toutes les méthodes, autrement dit, ils utilisent toutes les méthodes qu'ils sont capables de maîtriser. Pourtant ils impliquent déjà l'intelligence dans le travail, car ils essaient non seulement d'imiter aveuglément, mais aussi de comprendre le processus lui-même, son action, sa nuisibilité et son utilité.

La lecture des prières, l'étude de la littérature spirituelle, favorise aussi l'augmentation de l'énergie de l'homme, et en même temps des corps les plus supérieurs, proches de la matrice. Tous les prêtres travaillant en toute conscience dans les temples – l'énergie est plus élevée par rapport aux gens ordinaires. Les textes des prières et des Saintes Ecritures sont construits de manière à augmenter l'énergie de l'homme et, par conséquent, pour élever son Niveau énergétique. L'augmentation de sa propre énergie contribue avant tout à l'élévation du Niveau spirituel de l'homme.

Cependant la méthode la plus efficace à l'heure actuelle est l'appréhension des Connaissances Cosmiques Supérieures combinée aux bonnes actions humaines, et cela n'est possible qu'avec l'observance de la haute moralité.

Question: Je vais consacrer ma vie au perfectionnement spirituel. Mais je ne peux pas comprendre quels types de signes avertisseurs je reçois et de qui ils viennent: soit des positifs, soit des négatifs. En général, on dit: suis les signes secrets. Si tu vas faire quelque chose, et un mauvais signe t'a été donné, alors il faut reporter cette affaire et attendre un bon signe. Est-ce que cela doit toujours être observé? Et comment comprendre quelles forces te mettent en garde? Par exemple, ma connaissance prétend qu'il est spirituel, mais pour m'aider à monter spirituellement haut, il me demande de l'argent. Quand je pense à aller chez lui, il y a toujours quelque chose qui arrive. Semble-t-il, je vais élever ma spiritualité, mais alors pourquoi est-ce que je reçois des avertissements?

Réponse: Nous nous félicitons de votre décision de consacrer votre vie au perfectionnement spirituel. Vous avez choisi le bon chemin. Mais il peut souvent être difficile et épineux.

Premièrement, si un homme commence à s'élever spirituellement, les forces négatives du plan subtil tentent de l'empêcher, elles créent toutes sortes de soucis qui doivent être courageusement surmontés. Dans ce cas ils passeront tous seuls et tout se normalisera.

Deuxièmement, il est nécessaire de comprendre avec qui vous communiquez. Maintenant, il y a beaucoup d'individus négatifs qui essaient de s'enrichir sur le travail spirituel. Ils dépouillent ceux qui les croient. Mais leur objectif n'est pas de vous porter à un niveau plus haut, mais de gagner autant d'argent que possible pour eux-mêmes. Et peut-être, les signes sont donnés pour que vous ne lui portiez pas d'argent et pour que vous compreniez : si vous êtes en contact avec une personne positive ou négative.

L'attitude envers l'argent est la mesure de la spiritualité. Les serviteurs du Dieu aident les autres généreusement, et les serviteurs du diable essaient souvent de brouiller les autres par l'argent. Si vous recevez les signes et si les sommes importantes sont impliquées dans l'affaire, éloignez-vous d'une telle personne. Vous pouvez faire un travail spirituel indépendamment, en lisant des livres, en faisant des pratiques bonnes pour la santé, par exemple, selon le système de Norbekov qui est très efficace pour tout le monde. Il y a des manuels appropriés, des cours différents. Nous vous souhaitons le meilleur succès sur le champ d'action spirituel, tous nos vœux !

PASSÉ

Question: Est-il possible de revenir au passé?

Réponse: Le déroulement de temps ne peut pas être basculé à l'envers, si nous parlons directement de la vie humaine, mais l'homme peut remonter dans son temps personnel dans le passé, c'est-à-dire dans un monde plus inférieur. Et ce sera un mariage de son temps futur avec le temps dans le passé.

L'homme peut retourner également dans ses hologrammes passés. Ils appartiennent au passé, mais les hologrammes eux-mêmes ont déjà vécu. C'est la même chose que revenir à un paysage ancien – il est possible de prendre conscience de quelque chose, analyser certaines situations du passé, mais cela n'a aucun sens d'y vivre.

Question: Peut-on changer quelque chose dans le passé?

Réponse: Oui, c'est possible. Mais ici il faut examiner deux points de retour.

Premièrement. Le retour au passé en forme de la baisse du Niveau de développement pour les Individus particuliers.

Certains envoyés, médiums sont des gens qui sont partis plus loin dans l'avenir selon leur Niveau du développement. Pour eux, le présent de notre homme moderne est le passé, puisqu'ils ont déjà traversé ce stade de perfectionnement. Mais ils sont retournés dans le monde, qui est à un degré inférieur que celui où ils devraient être à ce moment, pour aider leurs plus jeunes confrères à faire le bon choix dans les situations qui ne se sont pas encore déroulées. Mais par rapport à l'homme moderne ou à leur propre voie de perfectionnement, ils participeront à des situations qui ne sont pas complètement identiques à celles qu'ils ont vécu eux-mêmes, parce que chaque couche de développement, chaque génération apporte sa propre couleur unique à son monde.

Et deuxièmement. C'est le retour de l'homme au passé, à l'horizontal ou par le biais des hologrammes du programme de développement actuel, dans lequel il se perfectionne lui-même et il pourrait lui-même commettre une erreur.

Sinon, une autre personne du temps présent peut être envoyée dans un tel hologramme pour corriger les erreurs des autres et changer le futur pour le mieux.

Mais cette option n'est possible que si la voie principale du développement de la société dans le programme contient une branche supplémentaire permettant de diriger les événements vers un autre cours. S'il n'y a pas de cette option supplémentaire dans le programme, rien ne peut être changé à l'avenir. Par conséquent, il faut savoir que pas tout événement ne peut être changé dans le présent par le retour au passé. La plupart des situations suivent le programme strict. La correction de l'avenir ne peut être faite que s'il y a des options de contournement spéciales dans le programme.

VOIES SPIRITUELLES

Question: Est-ce que les âmes des prêtres se rapportent au Système médical? Après tout, ils aident les gens à suivre la voie positive.

Réponse: Les âmes des prêtres ne sont pas distinguées d'une façon spéciale. Ce sont les qualités morales les plus élevées qui sont toujours distinguées, et les prêtres peuvent les posséder ou en manquer. Plusieurs membres du clergé sont occupés de la lutte pour le pouvoir, pour une bonne place. Par conséquent, les prêtres sont soumis à la Hiérarchie commune de l'humanité et ils n'appartiennent pas au Système médical, si vous entendez le Système d'aide qui en fait partie. C'est une certaine voie de développement, liée à l'accumulation par l'âme des qualités spirituelles. Ils se rapportent à la hiérarchie générale du Dieu.

Question: Une personne se développe, essaie de se perfectionner spirituellement, mais il y a tant de directions de développement spirituel: le christianisme, le bouddhisme et les voies ésotériques. Comment l'homme peut-il constater s'il se développe correctement ou non?

Réponse: Toute voie positive est la bonne. Chacune exprime sa direction qualitative, sa couleur. La voie positive ne peut pas être unicolore ; elle est composée, comme un arc-en-ciel, de plusieurs couleurs. Mais toute voie positive est limitée par les mêmes normes de comportement: ne pas tuer, avoir des mœurs, faire le bien. De même manière, toute voie négative repose sur ses normes de comportement opposées : tuer, briser la morale, être amoral, faire le mal, se venger et ainsi de suite. Plusieurs chemins mènent au Dieu, mais de la même façon encore plus mènent au Diable.

Question: Il y a un esprit, une âme, un corps. Qu'est-ce que c'est l'esprit, qu'est-ce qu'il exprime?

Réponse: L'homme fait référence sous le terme "Esprit" à de nombreux états. Mais dans ce cas nous ne l'examinerons que par rapport à l'homme. En acceptant un tel nom dans le passé, l'homme lui attribuait son concept, et il serait plus correct de chercher sa signification dans les dictionnaires expliquant la nature de l'origine des mots. Nous n'avons pas introduit un tel concept. Mais dans notre information, les structures subtiles de l'homme sont expliquées avec suffisamment de détails.

Comme la Bible le dit : « On ne met pas du vin nouveau dans de vieilles outres ». Le fait est que maintenant dans la littérature, il existe beaucoup de concepts évidemment obsolètes et donc incompatibles avec de nouvelles informations. Par conséquent, il est souhaitable de rejeter ce qui est ancien et de créer son propre, nouveau, et ne pas les mettre dans le même sac.

Concilier les concepts de nos ancêtres avec la nouvelle structure de l'homme, ce n'est que de faire les déductions : qu'entendaient-ils par cette formulation ?

Tout d'abord, on entendait évidemment par le concept d'Esprit l'énergie spiritualisée et les Energies Supérieures qui ont été incorporées dans la matrice de l'âme par le Créateur au cours de sa création. La matrice est créée et l'Esprit est dedans comme l'imprégnation primaire venues depuis de l'Au-delà. Mais si l'âme a déjà parcouru une certaine voie de développement, alors elle a encore ajouté à cette imprégnation primaire des énergies supérieures, elle a grandi. Et à propos d'une telle âme, nous pouvons dire ce qui suit.

L'Esprit est l'ensemble de toutes les composantes énergétiques importantes de l'homme acquises au cours de toutes les réincarnations passées. C'est quelque chose qui peut exister sans corps et qui représente l'expression de sa force, de sa puissance. L'homme envisageait depuis longtemps sous le concept de l'Esprit le pouvoir, c'est pour cette raison qu'il est convenu de dire « la Force d'Esprit ».

Mais qu'est-ce qui lui donne cette force ? Ce sont notamment ces accumulations d'énergie que l'âme fait au cours du développement. Plus l'énergie l'âme a accumulé, plus puissante est sa Force d'Esprit, plus facilement elle fait face aux difficultés. Par conséquent, il faut augmenter le potentiel énergétique.

Pourquoi, par exemple, l'hypnotiseur contrôle-t-il certaines personnes ? Pendant de nombreuses incarnations, il a accumulé dans son âme une grande quantité d'énergie, il a créé un puissant potentiel énergétique, et maintenant il influence par ce potentiel une jeune âme ayant un potentiel faible et de petites accumulations d'énergie. Un potentiel énergétique plus important peut contrôler le potentiel plus faible.

Anatoly Kashpirovsky a une énergie très puissante. Il a une vieille âme. Il a accumulé une telle puissance qu'il lui est facile d'influencer les personnes avec le potentiel plus faible, c'est-à-dire les jeunes âmes qui ont un petit nombre d'incarnations. Selon la Loi du Cosmos, le potentiel inférieur est subordonné au potentiel supérieur, donc tout ce que ce dernier inspire, le potentiel inférieur l'accomplit. Il est très important de développer son potentiel pour sa propre défense, afin de ne pas tomber sous les diverses influences de l'Esprit d'un autre.

Mais si l'on parle du mot "Esprit" plus largement et pas seulement par rapport à l'homme, alors ce concept exprime une forme d'existence incorporel, c'est-à-dire subtile, de certains États vivants qui ont une forme de vie différente de celle de l'homme. Par exemple, on dit - l'Esprit de la forêt, l'Esprit de la montagne, l'Esprit des champs, etc. Ce sont aussi des États conscients, qui existent dans la matière subtile et qui ont une certaine structure subtile. Ils vivent conformément à leurs programmes et ont leurs propres objectifs du développement.

Question: Est-ce que Sanat Kumara et Archange Michael sont réincarnés à ce moment?

Réponse: Non. Ils sont dans la sphère céleste. Il y a un service qui est directement chargé des religions sur la Terre. C'est une Hiérarchie particulière. Ils sont dedans, mais dans des Systèmes différents.

DÉVELOPPEMENT

Question: Comment l'homme peut-il comprendre s'il doit étudier des langues étrangères ou des sciences humaines?

Réponse: Les connaissances humanitaires sont des sciences positives. En tout cas, toute éducation est utile. Le principal est de ne pas s'arrêter, après avoir étudié une chose il faut passer vers une autre. L'arrêt c'est la dégradation. Plusieurs options différentes sont proposées à l'homme, parce qu'il se fatigue de faire la même chose. De plus, une seule occupation ne peut pas assurer le perfectionnement intégral, il est donc important de passer vers quelque chose d'autre ou de combiner les unes avec les autres.

Il est utile pour tout le monde de connaître les langues étrangères, au moins pour savoir comprendre comment la langue parlée peut se former chez d'autres peuples, et à l'avenir cela aidera à comprendre comment elle est formée chez d'autres êtres. Tout cela représente un certain domaine de la connaissance. Même si cette langue ne vous servira nulle part dans la vie actuelle, il ne faut pas dire que vous avez perdu le temps en vain pour l'apprendre.

Toutes études élargissent les horizons généraux de l'homme, sa vision du monde, elles augmentent le niveau général de la culture. C'est un bon bagage pour une vie future.

Mais si l'on parle plus précisément de l'apprentissage d'une langue, alors pour comprendre si vous en avez besoin ou pas, vous devez tenir compte de vos possibilités dans le sens de son utilisation ultérieure. Il est possible de bien apprendre la langue, mais en raison des particularités du caractère et des circonstances actuelles, l'homme ne pourra l'utiliser nulle part. (Admettons qu'il n'y a pas de traducteurs dans la ville et que tous les postes de professeur de langues étrangères dans les écoles sont occupées.) Dans ce cas, son apprentissage ne sera pas prometteur.

Il faut également penser au fait que l'étranger peut être fermé pour vous pour toujours à cause d'un certain nombre de raisons ou des qualités personnelles, et donc vous ne pourrez jamais exercer votre langue étrangère. Il faut donc mesurer ses possibilités soi-même. Mais jamais ce qui est étudié ne peut être absolument inutile. Il contribue toujours au développement de l'âme, puisqu'au cours de toutes études l'homme apprend toujours à se fixer un but et à surmonter les obstacles afin de le remplir.

Question: Pourquoi certains gens étudient-ils une langue facilement, et les autres y ont du mal?

Réponse: Cela est lié au Niveau de développement de l'homme, à la quantité de ses vies passées dans le corps humain. L'âme vit dans des nations différentes et elle obtient l'expérience de communication moyennant le langage. Plusieurs réincarnations dans une nation lui permettent d'acquérir la connaissance de cette langue. Mais l'âme peut ne pas apprendre la langue parfaitement mais partiellement, et cela se manifestera comme une aptitude moyenne à cette langue donnée. Une telle âme aura plus de succès dans la maîtrise de la même langue dans la vie suivante par rapport à l'âme qui n'avait aucune expérience dans cette langue.

Chaque individu continue à étudier la langue à partir de ce Niveau de connaissances sur lequel il s'est arrêté, et cela ressemblera à un degré différent de connaissances. Mais pas toutes les langues ne sont prometteuses, beaucoup de petits peuples utilisent des langues qui tomberont bientôt dans l'oubli ou sont déjà oubliées. Toute langue se développe, mais en raison des changements énergétiques de la connexion avec les Suprêmes et de la communication entre les gens eux-mêmes, plusieurs d'entre elles deviennent obsolètes et basculent dans l'oubli. Donc, l'âme peut avoir l'expérience dans l'étude d'une telle langue sans perspective, mais à l'avenir elle sera sans suite. Cependant, elle reste dans le bagage de ses connaissances générales, en formant la mémoire linguistique correspondante de l'âme.

Plus haut l'homme se trouve dans le plan spirituel, plus vite il peut découvrir en lui toute capacité, y compris la mémoire de langue. Pourtant cela n'est possible que pour les hommes terrestres.

Les âmes cosmiques, se développant dans d'autres mondes, ne connaissent pas souvent les langues. Beaucoup d'entre eux ont une autre manière de communiquer et de transmission des informations. Par conséquent, si de telles âmes demeureront pour la première fois parmi les gens et elles parleront leur langue, elles peuvent avoir l'air d'être un peu bafouilleuses un certain temps. Bien qu'il existe également des âmes cosmiques qui sont capables de copier rapidement le style de conversation et de communication des autres êtres. Cela dépendra déjà de leur structure subtile.

La mémoire linguistique d'un homme terrestre et hautement spirituelle se transforme au fil du temps en une manière progressive d'exprimer les pensées, quand chaque pensée acquiert une seule signification dans les langues différentes, c'est-à-dire toutes les langues se transforment en une nouvelle qualité. Ainsi, ils développent sa capacité de télépathie. Sur la base de la qualité de la télépathie l'âme acquiert la capacité de comprendre toute langue sans la connaître. C'est Roerich qui en écrivait notamment. Mais c'est déjà la capacité des

Hommes suprêmes sur la Terre. Ayant cette capacité, il est possible d'éviter la perte inutile du temps pour apprendre une langue. Donc, la télépathie c'est l'avenir.

Question: Quel pourcentage des âmes de la Terre peuvent atteindre le premier Niveau de la Hiérarchie?

Réponse: En moyenne, 10% des âmes seront décodées de chaque équipe envoyée pour passer le cycle de développement. Le reste devrait y parvenir.

Un certain nombre d'âmes sont descendues sur la Terre pour vivre les cycles de développement définis. Les Suprêmes connaissent dès le début combien d'âmes sont requises pour une mini-hiérarchie réunissant les âmes de la Terre. Ce nombre est déterminé par le potentiel énergétique du monde où elles demeureront, leur qualité et le processus auquel ils participeront. Autrement dit, si par exemple, il y a un certain équipement dans une usine laitière, alors en fonction des conditions de son entretien il devient clair combien de personnes il faut embaucher à l'usine. Les mêmes tâches techniques de la Hiérarchie du Dieu lui dictent le nombre d'âmes que la Terre doit fournir.

Et pourquoi nous disons toujours que la Hiérarchie exige un nombre exact? Parce que s'il y a sept machines dans l'usine et si huit personnes seront embauchées, alors l'une sera inutile. Dans le Cosmos, l'exactitude existe partout. Par conséquent, les Suprêmes savent combien d'âmes ils doivent recevoir. Mais puisque les âmes qui commencent leur développement à partir de la Terre ont tendance à commettre des erreurs et par suite faire les défauts de fabrication, les Suprêmes lancent généralement 10% d'âmes supplémentaires en plus du nombre prévisionnel. Il en résulte le nombre d'âmes requis plus 10%. Ils choisissent ensuite du nombre total les plus réussies selon leur développement pour poursuivre l'évolution, et 10% des pires, qu'ils décodent.

Si le nombre d'âmes défectueuses est supérieur à 10%, Ils doivent faire descendre des équipes d'âmes supplémentaires. Mais le nombre sera strictement observé, comme, d'ailleurs, la qualité des âmes.

Par conséquent, le premier Niveau de la Hiérarchie ne peut être atteint que par le nombre d'âmes prévu initialement par l'Au-delà. Pourtant pour cela, il faut correspondre à certaines Normes supérieures de développement. L'âme doit passer par plusieurs civilisations pour atteindre les indices souhaités.

Question: - J'ai compris de vos livres qu'en fonction de son ascension l'homme doit finir de se réincarner d'abord sur le plan physique, ensuite éthéré, puis sur le plan astral. Où est la fin de développement de la Hiérarchie terrestre? Sur le plan astral?

Réponse: - Non, beaucoup plus haut. L'homme passe concomitamment les plans éthéré, astral, mental, etc. Notre l'homme ordinaire est capable de travailler immédiatement avec les plans astral, mental, causal et bouddhique. Je ne parle pas de plan éthéré, puisqu'il est déjà passé il y a longtemps par la plupart des âmes. Les plans mentionnés sont les gammes d'énergies avec lesquelles l'homme travaille et qu'il accumule dans son Graal, c'est-à-dire dans sa matrice. Prenons l'exemple du chanteur Andrei Makarevitch et examinons avec quels plans il travaille. Il est diplômé d'un institut d'architecture, il a travaillé pendant un certain temps en tant qu'architecte. Donc, il a travaillé avec la gamme mentale des énergies, avec le plan mental. Ensuite il a commencé à chanter. Il a une formation musicale, il compose lui-même, il chante des chansons à texte, c'est-à-dire il travaille avec le plan astral. Il a déjà passé le plan éthéré il y a longtemps. La participation à divers événements contribue au développement de son plan causal. Il reconnaît le mysticisme, Dieu, donc, il a commencé à maîtriser les énergies du plan bouddhique. Il apprend tout cela au cours d'une seule vie, bien que le début soit posé dans les vies passées.

Nous vivons à l'époque où il est impossible de maîtriser un seul plan, plusieurs plans sont acquis à la fois, l'un peut tout simplement être étudié plus vite, l'autre plus lentement.

La division en plans a été donnée aux gens inférieurs. Maintenant, beaucoup de choses changent. Au lieu des plans, les Suprêmes ont donné la Hiérarchie de l'humanité ayant cent Niveaux. Mais si vous voulez la diviser en plans, alors cela peut tout à fait être effectué, mais il faut ajouter à ces plans deux nouveaux plans, puisque deux nouvelles enveloppes ont été ajoutées à la structure de l'homme de sixième race, ce qui signifie deux nouveaux plans. Et dans la septième race 2 ou 3 plans seront ajouté de plus. Et comment les caractériser en termes de fréquences, personne ne le sait encore.

Question: - A partir de quel plan commence la Hiérarchie du Dieu?

Réponse: - La Hiérarchie du Dieu commencera pour l'homme quand il passera cent Niveaux de la Hiérarchie humaine. (Le plan atmanique dans cette Hiérarchie se termine au 50ème Niveau, et au-dessus il y a des plans auxquels les gens n'ont pas encore donné les noms).

ESSENCES

Question: Quel est le but final du développement de l'essence?

Réponse: Nous disons qu'il n'y a pas de but final, parce que le perfectionnement lui-même est éternel. Certains Niveaux, passages existent. Chaque Niveau supérieur établit l'objectif de développement pour le Niveau subordonné, de sorte qu'il puisse lui-même avancer le long de la chaîne infinie de l'ascension. Le plus important pour l'homme est d'accéder à une suite de réactions éternelles, et ne pas être décodé.

Si l'on parle plus précisément, les différentes zones de la Nature exigent des essences travaillant à certain mode et construites qualitativement pour ces zones. Ces essences doivent assurer à la Nature certaines fonctions pour son existence. Donc, dès le départ, tous les êtres qui descendent dans le plan de l'existence s'orientent à certaines qualités, à un certain fonctionnement. Et quand ils passent à travers les Niveaux du développement, ils perfectionnent précisément ces qualités. Et d'autres êtres, initialement destinés à une autre zone de la Nature, traversent d'autres plans d'existence qui leur fourniront une structure complètement différente. Et ces plans formeront en eux d'autres qualités et fonctions.

Par exemple, les cellules de foie d'un enfant se développent initialement dans leur qualité, en s'orientant à leurs fonctions, et les cellules de cœur se développeront dans une qualité différente pour remplir d'autres fonctions dans l'organisme de l'homme. Et quantitativement, ces cellules sont également limitées, puisqu'il existe une certaine proportionnalité entre l'âge de l'enfant et la taille de ses organes internes. La même proportionnalité existe dans le corps de la Nature.

Donc, l'objectif de toute essence est de prendre cette place dans la Nature pour laquelle elle était initialement prévue. Et elle ne peut y arriver qu'après avoir franchi plusieurs étapes de sélection. Jusqu'à certains Niveaux de développement, tout ce qui se forme de façon inappropriée est rejeté et détruit. Cela s'applique à toutes les essences. Et seulement lorsque l'essence parvient à la zone dans la Nature, qui lui est assignée conformément à sa qualité, on considère qu'elle a atteint le but de son développement. Cependant, c'est l'objectif primaire du premier cycle de développement. Ensuite, elle continue de se perfectionner pour atteindre l'objectif de second ordre, etc. à l'infini. La Nature se transforme au cours du développement, par conséquent, tout ce qui est à l'intérieur est soumis aux transformations correspondantes. Donc, les objectifs finals n'existent pas dans le développement. Tous les objectifs sont intermédiaires. Tout type de créatures se développe à perpétuité.

Question: Est-ce que de nouvelles essences sont toujours créées artificiellement?

Réponse: Les essences sont nécessaires pour remplir les mondes, plus précisément, pour accomplir certaines fonctions dans les étendues des mondes créés. En travaillant, en fonctionnant elles aident à remplir la matrice spatiale des énergies requises pour cette étendue du monde. Elles forment cette matrice. Leurs activités sont organisées à l'aide d'une certaine forme d'existence, d'être. Par exemple, des plantes ont leur forme d'existence, les poissons en ont une autre, l'homme a une forme complétement différente. En participant chacun sous leur propre forme d'existence, ils traitent les énergies dont les Créateurs de ce monde ont besoin. Autrement dit, il faut comprendre la chose principale que chaque essence est créée comme une structure particulière qui traite des types d'énergies strictement définis. Par conséquent, ces structures ne peuvent pas apparaître, par exemple, par la naissance. Elles sont créées par la Raison Suprême à des fins spécifiques et sont donc destinées à accomplir des fonctions spécifiques. Pour cette raison, absolument toutes les essences sont à l'origine créées artificiellement, c'est-à-dire, elles sont conçues par la Raison Suprême, par un certain Système Cosmique qui est responsable de la création des formes pour les mondes.

Mais comme il existe une matière grossière et une matière énergétique et subtile, les formes artificielles doivent être divisées en deux types principaux: matérielles et énergétiques.

Les essences énergétiques sont créées artificiellement à la base des matrices. Elles ne se reproduisent jamais.

Les essences matérielles sont également créées d'une manière artificielle à leur origine, puisqu'elles sont créées par la Raison Suprême (le Système Matériel responsable des formes). Elle construit leur apparence, leurs fonctions et le mode de leur reproduction: comme chez l'homme - par la naissance, par le bourgeonnement, par la fusion de deux ou plusieurs vieux spécimens avec une division suivante en un certain nombre de nouvelles essences, etc.

Ensuite la Raison Suprême implante dans cette forme une structure de contrôle, que l'âme représente (une matrice créée également d'une manière artificielle), et ainsi une essence matérielle spiritualisée est née dans l'union du matériel et de l'énergétique. L'homme perçoit toujours la vie d'une telle essence comme un fragment du courant général de l'existence, ne voyant pas le début de la création. Par conséquent, pour le moment d'origine, il prend la naissance de la forme et il appelle cette apparition comme naturelle, bien que le début de sa création remonte à un plan d'être absolument différent, à savoir, au monde énergétique de la Raison Suprême. L'homme arrache un fragment de l'être d'une forme et il l'appelle comme naturel. Mais si l'on va plus loin de ce fragment, on peut découvrir que l'enveloppe matérielle pour l'essence et son âme sont créées artificiellement. Et à cet effet, dans le cosmos, il y a des Systèmes particuliers, les uns se spécialisent en une chose, les autres - en autre chose. Mais ensemble, ils travaillent pour les objectifs communs de l'organisme de cosmos. Habituellement, les essences supérieures créent des formes pour les mondes inférieurs.

Question: Pourquoi de nouvelles Essences sont-elles créées? Est-il possible de l'expliquer plus précisément. Est-ce que les nouvelles Essences ingèrent les qualités des Essences supérieures ?

Réponse: Si un Dieu reçoit un monde ou une Hiérarchie, alors Il se voit également fixer l'objectif conformément auquel ce monde devrait être aménagé. Grosso modo, le monde peut être un désert, ou il peut représenter une zone subtropicale ; et conformément au but fixé le Créateur planifie par quels êtres il doit le peupler et de combien de créatures, c'est-à-dire d'unités de travail, il aura besoin pour construire le monde de qualité demandée. Il est clair que les formes habitant dans le désert doivent fonctionner différemment que des formes de la zone subtropicale. Autrement dit, ils traiteront en accomplissant leurs fonctions de vie les différents types d'énergie et rempliront différentes parties de la matrice de l'espace avec de différents types d'énergie. Grâce à cela les différentes qualités et propriétés apparaîtront dans la matrice de l'espace.

Par conséquent, le Dieu crée les Essences et d'autres formes vivantes afin de former d'une certaine manière l'espace qui lui est confié. C'est le premier objectif. Et l'espace n'est pas construit pour lui-même ou pour la beauté. Comme nous le savons, il fait partie de la Nature, d'un énorme cosmo-organisme, donc en le construisant de telle manière, on lui assure sa vitalité, ses fonctions vitales, son éternité d'existence.

Ainsi, les nouvelles Essences assurent le progrès de la Nature, contribuent à sa croissance permanente dans l'univers. L'enfant grandit, se transforme en une personne adulte suite à l'apparition de nouvelles cellules, et la Nature - suite à l'apparition de nouvelles Essences. Mais chaque Niveau de développement possède son nombre d'Essences, donc, elles ne sont pas créées en quantité infinie, mais autant qu'il est nécessaire.

Cependant le Dieu crée pour ses mondes pas seulement des matrices vivantes et spiritualisées, mais aussi des appareils mécaniques, qui effectuent le travail analogique que les essences vivantes. Pourtant, tout mécanique est temporaire et est construit pour le développement de certaines formes initiales ou de certains États. Sur les premiers Niveaux de son développement elles ne sont pas encore capables de travailler normalement selon le mode qui leur est déterminé, parce qu'elles manquent de fonctions internes qui seront accomplies au régime désiré. Et dans la Nature tout est organisé de telle sorte que chaque essence est obligée de former elle-même les fonctions dont elle a besoin. C'est une condition de l'existence éternelle, à savoir, la capacité de se construire en autonomie en conformité au but fixé.

Par conséquent, lorsqu'une matrice est créée, elle est universelle et ne comporte aucune fonction. Elle est vide. Ensuite, elle se voit fixer le but du développement : en quelle qualité elle doit se développer, et puis elle est également orientée à ce lieu dans la Nature auquel elle doit parvenir. Et c'est le deuxième objectif - la création d'une certaine qualité d'énergies pour la Nature. Pour cette raison, la matrice est placée dans l'environnement, qui doit former en elle les fonctions et les qualités requises.

Mais la matrice initiale est vide, et elle ne sait pas encore elle-même ce qu'elle doit faire dans l'environnement où elle a été installée. Mais pour elle, c'est un certain plan d'existence. Par conséquent, pour qu'elle puisse se développer dans la bonne qualité, elle est temporairement connecté à des structures auxiliaires, comme par exemple chez l'homme : le cercle à impulsion, le cerveau de sexe, les corps énergétiques temporaires, le programme d'existence, les mécanismes d'orientation, etc. Chaque monde a ses propres mécanismes. Ils sont donnés à l'Essence jusqu'à ce qu'elle construise avec leur aide dans ses structures subtiles ses propres fonctions éternelles, lui permettant de s'orienter normalement et de se développer dans un environnement donné. À partir d'un certain Niveau, ces mécanismes sont complètement supprimés, et l'essence se perfectionne en autonomie.

Les matrices pour toutes les essences sont créées artificiellement par les Individus Suprêmes du Dieu. Et tous les mécanismes auxiliaires sont également créés d'une façon artificielle.

Quant à la question si les nouvelles Essences, c'est-à-dire les âmes, ingèrent les qualités des supérieurs, alors cela doit être compris comme suit. Le Déterminant (l'Enseignant céleste) reçoit sous sa tutelle un élève, et, admettons que c'est une âme primaire, qui s'incarne pour la première fois sous la forme humaine. L'échange d'énergie se passe constamment entre le Niveau inférieur et le Niveau supérieur. Dans la relation de l'Enseignant avec son élève il y a aussi l'échange d'énergie: l'Enseignant envoie l'énergie à l'élève pour les actions primaires, pour les diverses situations de la vie, afin qu'il accomplisse son programme. Si l'Enseignant n'envoie pas ces énergies à son élève, il n'y aura aucune action, et l'élève peut tout simplement mourir. Toute action de l'homme commence par l'envoi à lui d'une énergie subtile.

À son tour, l'élève est obligé de produire certains types d'énergies pour son Enseignant et de cette manière lui compenser ses dépenses. Donc, l'homme produit différents types d'énergies à travers ses actions, ses émotions, ses pensées, et l'Enseignant en prend une partie. L'échange d'énergie se réalise. L'élève reçoit de l'Enseignant l'énergie d'un type et lui donne ces types d'énergie dont il a besoin. Pourtant, en recevant l'énergie, l'homme ne reçoit pas les qualités de l'Enseignant, mais seulement l'énergie, et à partir de cette énergie, il forme ses propres qualités. Il ne les acquiert pas toutes prêtes. Toutes qualités sont formées par l'être en autonomie.

CHAPITRE 6
POINTS DÉCISIFS

La vie de chaque homme, ainsi que la société dans son ensemble, est lié aux points décisifs - certains événements importants qui affectent le cours ultérieur de la vie, pour le mieux ou pour le pire. Les points décisifs peuvent concerner la santé humaine, la maladie, la vie de famille, les activités sociales, etc. Ils se manifestent dans la vie de la société sous forme des révolutions, des guerres des réformes et des changements culturels, et dans la vie de la Terre - sous forme des désastres et des changements des civilisations.

Dans « l'Évangile », ils se manifestent dans les trompettes des Anges.

Question: Le quatrième ange, comme dit l'Évangile, a versé sa coupe sur le Soleil, et il a été autorisé à brûler les gens. Comment appartient-il de le comprendre?

Réponse: Cela indique le début de l'intense activité du Soleil. Vous savez que vers la fin du 20ème siècle, son activité a considérablement augmenté. Ce n'est pas seulement l'énergie subtile qui descend sur la Terre, mais aussi l'énergie physique du Soleil. C'est nécessaire pour le passage de la Terre à une nouvelle orbital, ainsi que l'arrivée d'une nouvelle sixième race travaillant avec le potentiel énergétique plus puissant. Par conséquent, le fait que le quatrième Ange a versé la coupe sur le Soleil suggère la mise en marche dans le programme du développement du Soleil d'un certain point décisif de sorte que les processus physiques sur l'Astre s'accélèrent et se renforcent, les réactions thermonucléaires s'intensifient et les flux énergétiques puissants de l'ordre physique déferlent sur la Terre. En raison du Soleil actif, les gens reçoivent de fortes doses de rayonnement, de nombreuses maladies chroniques s'aggravent, surtout, les cancers. C'est en ce sens que le quatrième Ange est autorisé à brûler les gens.

Question: Vous avez dit que dans le développement de l'humanité il y a un point où son sort se joue. Qu'est-ce que cela veut dire?

Réponse: Ce point décisif sera lié à la guerre nucléaire. Certains hommes luttent contre l'énergie nucléaire, d'autres se battent pour sa prolifération.

Il y a des politiciens du Système Positif et il y a des politiciens du Système Négatif, leurs opinions sont généralement opposées. Mais normalement ce sont les gens ordinaires qui leur font parvenir au pouvoir. Par conséquent, ils sont aussi impliqués indirectement dans la politique et dans la prise de certaines décisions, parce que s'ils choisissent un politicien positif la question sera réglée d'une manière, et s'ils choisissent un autre - la solution sera opposée. Il est important que les gens apprennent eux-mêmes à s'y connaître en leurs leaders et à comprendre au moins qui appartient à quel Système.

La population participe obligatoirement à la politique. La maturité de l'esprit humain demande d'analyser les actions des politiciens, d'aller un peu plus loin dans les actions des députés. C'est ce qui se passe sur le plan terrestre.

Sur le plan cosmique, il existe le Conseil l'Union des Suprêmes qui surveille comment l'humanité réalise des tâches fixées, donc, au final du vote il y aura la décision de Dieu le Créateur, sur ce que faire avec notre civilisation. Le temps donné est environ 250 ans (à compter de 2000). Autrement dit, il y aura un point décisif qui affectera dramatiquement toute l'existence de l'humanité. Si l'on continue à développer la Terre, alors la surcharge de dépense d'énergie aura lieu. Quand l'humanité continue à ne pas suivre la voie désirée pour les Suprêmes, cela devient désavantageux pour le Cosmos.

Question: De nombreux auteurs, par exemple, Drunvalo Melchizedek, mentionne la date exacte du passage à la quatrième dimension, les 18-19 janvier 2013. Cette transition aura-t-elle lieu?

Réponse: Probablement, il parle de la même transition que nous. Le passage sur une nouvelle orbitale représente exactement la transition vers une nouvelle dimension. Elle passera inaperçu pour les gens qui ne peuvent pas voir les subtilités des changements qui se produisent autour. Personne ne la verra et ne la sentira. Cependant, les scientifiques révéleront les changements qui se passeront dans le monde par sur la base des détails séparés. Et cela confirmera la réalité de la transition en cours.

On nous dit qu'en fait il n'y a jamais de dates concrètes, parce que tous processus s'étendent pour une longue période de temps. Et, en outre, les Suprêmes cherchent à garder des dates importantes en secret, afin que les gens ne fassent pas obstacle à leurs projets. Si une date est publiée, alors généralement ce jour-là, rien ne se passe jamais. Bien que les dates concrètes aient été révélées à certaines clairvoyants, mais il s'agissait des événements sur lesquels personne ne pouvait influencer, et personne ne pouvaient rien changer, autrement dit, ces événements étaient rattachés strictement au programme.

Question: Certains livres disent que la destruction de l'humanité aura lieu en 2012, d'autres donnent une autre date. A quoi faut-il croire?

Réponse: Bien sûr, il n'y aura pas de destruction physique complète de l'homme en 2012. On sera les témoins de certains cataclysmes et événements qui entraineront la décroissance démographique. Les cataclysmes seront ordinaires, rien de surnaturel et global n'est attendu. Les cataclysmes pareils se produisent chaque année, et l'homme est tellement habitué à ces facteurs qui détruisent le corps qu'ils ont arrêté de lui sembler effrayants, et ils se sont transformés en phénomènes habituels.

Quant aux contactés particuliers, qui portent leur attention précisément sur ces dates, il s'agit du suivant. Si ce sont les contactés des pays dans lesquels les cataclysmes ou les guerres augurés se passeront, alors ils peuvent devenir les derniers pour eux. Donc, leur attention est attirée sur ces événements. Il est possible de les éviter ou réduire le nombre de victimes, si on écoute le divinateur. Mais généralement, les gens ne prêtent aucune attention à de telles déclarations. La plupart des prédictions concernent seulement de petites zones de la Terre, donc elles se réaliseront et deviendront prophétiques pour les gens qui se trouveront dans ces régions, et elles sembleront peu importantes pour ceux qui seront loin de ces lieux.

Dans la prédiction, il est important de connaître pas seulement la date, mais aussi l'endroit où les événements augurés doivent se produire. Ainsi les différents contactés peuvent parler de différents événements qui s'accompagneront de la mort d'un nombre important de gens. Il s'en suit que les lecteurs penseront que les contactés disent des mensonges. Et en réalité ils peuvent tout simplement parler des événements différents. Mais tout cela arrive tôt ou tard.

Les gens ne sont pas éliminés tous à la fois, mais en partie. Cependant, la masse principale de la population continuera à vivre et à se développer normalement.

Actuellement nous vivons un moment très intéressant de transition vers un nouveau cycle de développement de la planète et de l'humanité. Les pôles changent, la Terre passe à un nouveau Niveau du développement. Tout cela montre notamment que la Terre entre dans une nouvelle phase de son perfectionnement et entraîne directement toute l'humanité dans un nouveau cercle de relations.

Cependant on parle des mutations de l'homme de notre 5ème race, qui, prétendument, conduiront à son élimination totale. Mais physiquement, en son sein l'humanité mutera de 10%, puisque l'enveloppe physique de l'homme n'est pas capable de muter davantage. Cela a déjà été vérifié par les Suprêmes. Ils ont tiré leurs conclusions. La mutation dépasse rarement 10%, et seulement chez les individus isolés elle atteint 30%. Mais ce sont des cas uniques, les autres soit périssent, soit ne mute pas plus de 10%. En général, c'est de l'enveloppe physique que l'on se débarrassera, car elle est devenue obsolète. Et une nouvelle structure de l'homme la remplacera.

Les enfants indigo sont des spécimens d'essai. Ils aident à travailler des programmes de la nourriture, du développement, une nouvelle idéologie liée à l'énergie reçue en quantité augmentée. On analysera comment ils la traitent et quels écarts apparaissent dans ce cas dans l'enveloppe elle-même et dans le développement d'un nouvel homme. Et nous en sommes déjà témoins. Un homme moderne de la cinquième race peut observer à la fois les cataclysmes, ce qui arrive avec l'ancienne race et ce qui arrivera à la nouvelle race.

NOUVELLE RACE

Question: Selon les nouvelles informations, la sixième race se développera dans la joie, et pas dans les souffrances. Est-ce vrai?

Réponse: Tant que l'âme se développe dans ce monde, la voie remplie de joie ne peut pas exister. L'homme doit subir les épreuves, parce que son âme n'est pas parfaite. Il prend les divertissements pour la voie de perfectionnement et le mal pour le bien. Il est incapable de séparer l'illusion de la réalité, et il étend son propre bien-être et la joie de vivre à toute l'humanité, autrement dit il a une tendance à croire que s'il va bien et s'il a assez d'argent, alors tous les autres vont également bien et ont assez de tout. Quand il va mal, il dit: «Que nous vivons mal! » Et quand il va bien lui-seul, il dit : « Que nous vivons bien à merveille ». Il ne voit plus qu'à côté il y a des gens qui meurent de faim et de maladie, qu'à côté on souffre et pâtit. Et c'est le cas de la prise de l'illusion pour la réalité. C'est une cécité spirituelle, incapable de voir plus loin que son propre bien-être ou malheur.

C'est pourquoi, si l'humanité continue à exister, il y aura encore des guerres et des malheurs pendant cinq cents ans sur la Terre. Seulement après cinq cents ans, il peut y avoir certains changements dans le sens positif. L'homme doit apprendre en comparant le mal et le bien. Les causes du malheur sont dans l'imperfection de l'âme. On donne à l'homme des variantes des voie de développement mais il prend l'acquisition des richesses pour le but de sa vie, les plaisir - pour le chemin de son perfectionnement spirituel, la vie tranquille - pour la couronne des meilleures réalisations humaine. Il confond le matériel et le spirituel, l'indifférence et l'endurance courageuse de l'âme. Ainsi, en fait, toute la vie de l'homme passe dans un mélange du mal et du bien, de ce qui est donné par le Dieu et par le Malin. Et seulement puisqu'il choisit le mauvais chemin ou qu'il fait quelque chose ou qu'il pense autrement, on le fait passer à travers la souffrance et les privations fréquentes.

La joie et le bien-être ne contribuent pas au développement de la pensée et des qualités dont le Dieu a besoin. Ils forment les qualités qui plaisent au Diable: la frivolité, le manque de réflexion sur la vie, la paresse, la veulerie, etc. Et c'est la principale raison pour laquelle certaines situations difficiles et les malheurs sont donnés. Seulement grâce à eux l'homme commence à ressentir de la compassion et de la sympathie pour les autres. Il n'y a pas de personnes riches et heureuses qui compatiraient sincèrement aux pauvres et aux malades. Ces derniers suscitent en elles le dégoût et l'irritation. Et c'est ce qui conduit à nouveau vers le Diable. Pourtant quand l'homme a beaucoup souffert lui-même, il est prêt à se faire hacher pour un autre. Et ce sont déjà les plus hautes qualités de sacrifice de soi, de compassion, de désir d'aider l'autrui.

Il s'avère donc le contraire: la richesse et la prospérité dans la vie éduquent en une personne les qualités qui le mènent vers le Diable, et la pauvreté et le malheur développent dans l'âme des qualités qui la dirigent vers le Dieu. C'est ce que l'homme refuse obstinément de voir, parce que la douceur de vivre et les plaisirs éblouissent son âme.

Mais si l'homme qui suit le chemin du dénuement et de la souffrance, acquerra des caractéristiques positives de l'âme, alors à partir d'un certain Niveau du développement, il passera des situations déjà plus simples. On lui autorisera à avancer avec sa propre prise de conscience de la vie, ce qui comprend la pensée logique, le savoir de comparer et de tirer les bonnes conclusions, la capacité de voir ses propres erreurs et de les corriger lui-seul.

Si l'on parle du développement au-dessus du plan terrestre, alors il faut comprendre que le Cosmos est énorme et très complexe dans sa construction et dans les rapports qui lient les Êtres y habitant. Vous devez imaginer, en montant au niveau de la conscience cosmique, quel travail grandiose se réalise.

Par conséquent, une vie simple et édénique, basée sur l'oisiveté et le passe-temps vide et éternel, ne peut pas y exister. Partout il y a une responsabilité pour soi-même et pour les autres, pour le travail qu'on effectue ; partout, il y a des difficultés et des problèmes qui résultent du manque des connaissances dans certains domaines.

L'âme découvre une chose et elle se sent au sommet de la connaissance, mais quand elle monte plus haut tout un océan de l'inconnu s'en ouvre à elle. Et pendant qu'elle appréhende ce nouveau, elle est encore capable de commettre des erreurs et de se plonger dans une série de sensations désagréables. Donc, jusqu'à ce que l'âme apprenne un nouveau, et ce processus soit éternel, elle ne peut pas rester dans les sentiments de la joie et de la béatitude totales. Ces sentiments apparaissent comme une récompense pour ce qu'elle a atteint, mais pour une courte période de temps.

Question: La transition vers une nouvelle race sera-t-elle réalisée à travers la mort?

Réponse: Oui, bien sûr. Tout le monde veut être éternel, mais la transition s'effectuera à travers la mort de chaque personne. Autrement dit, vous vous débarrasserez de l'enveloppe vielle et obsolète, et si les Suprêmes considèrent que vous avez évolué dûment, alors vous serez implanté dans une nouvelle enveloppe. La procréation existera même dans la sixième race.

Question: Ai-je bien compris que les enfants qu'on appelle en Russie les « enfants indigo » sont les premiers modèles expérimentaux de la sixième race?

Réponse: Oui, c'est vrai. Les enfants « indigo » sont les premiers modèles probatoires de la nouvelle race, qui ne sont venus ici pas seulement pour se développer. Comme ce sont les premiers spécimens, comme d'habitude, ils testent d'abord leur enveloppe physique et son endurance. On vérifie dans quelle mesure la matière a évolué au cours de 2000 dernières années. Le fait est que la matière a également pris beaucoup de retard dans son développement, puisque le frein spirituel de l'humanité ralentit aussi le développement de sa matière. Et en fonction de l'importance de son retard du point de vue de sa capacité de tenir intégralement les âmes à haut potentiel de la sixième race, on prendra la décision sur la possibilité de prolonger l'existence de la planète ou de son élimination.

Le fait est que si la cinquième race tenait généralement son énergie dans le corps matériel, la sixième race utilisera déjà pleinement tous les processus d'échange mutuels possibles pour ce Niveau quand elle impliquera tous ses corps énergétiques. En d'autres termes, ils auront recours à toutes leurs capacités. D'autant plus souvent qu'on s'éloignera dans le temps du moment actuel (l'an 2000). Après tout, l'utilisation de toutes sortes de capacités inhabituelles dépend en grande partie de la capacité de la matière physique de fonctionner dans le régime demandé. Et si la matière cesse de tenir leur grand potentiel énergétique et un travail intense avec les énergies à cause d'un énorme retard dans son développement, alors ce développement sera considéré comme inopportun. Et si auparavant tout butait contre le retard du développement spirituel, maintenant la réaction est allée plus loin - elle a touché la matière: le retard spirituel s'est transformé en retard de la matière physique. Et cela menace l'âme de l'impossibilité de manifester pleinement ses capacités extrasensorielles et paranormales et de mener des expériences pures. Mais cela sera mis en évidence par l'analyse de la matière physique au cours de 50 ans à venir. (La période de 2000 à 2050).

RUSSIE

Question: Quelle est la différence entre les Individus négatifs du Dieu et des Individus négatifs du Diable ici sur la Terre?

Réponse: Dans notre langage humain, cette qualité s'appelle l'humanité. Autrement dit, si vous comparez le calculateur du Dieu et le calculateur du Diable, celui du Dieu a de la bonté, de la clémence, de la compassion. Le calculateur du Diable est cruel, sans principes, il ne prête aucune attention aux besoins de ses subordonnés, il ira droit au but sur les corps et il ne s'intéressera pas à ce qui arrivera avec la personne qu'il a utilisée.

Par exemple, il y a les commandants venant du Diable et du Dieu. Ainsi, le commandant du Diable donne l'ordre de gagner à tout prix, et il n'a pas de compassion envers ses exécuteurs. Le commandant du Dieu s'inquiétera de chaque soldat et il essaiera de gagner avec une perte minimale. Un tel commandant compatira à ses combattants, et il sera avec eux par son âme et par ses sentiments. Un sentiment de compassion, d'amour, de bonneté manque aux Essences du Diable.

Autrement dit, les gens du Dieu se distinguent des gens du Diable par les qualités de leur âme. Tout le monde doit savoir quelles qualités sont positives et lesquelles sont négatives. L'humanité a divisé il y a longtemps les qualités de l'âme en deux catégories opposées, et il n'y a rien de nouveau en cela. Il faut les connaître et comprendre. Et c'est une nouvelle race d'or qui apportera les nouveautés.

Question: Aujourd'hui (2006) *, à mon avis, nous sommes témoins de la dégradation de la population de la Russie. Est-ce que c'est lié à l'adoption du christianisme, puisqu'il ne donne pas la réponse, comment l'homme peut progresser plus vite? En outre, au cours de mille dernières années en Russie, il y avait environ 500 guerres. La population de notre pays ne peut pas vivre dans ces conditions. La Russie est le pays le plus riche en termes de ressources et elle a la population la plus pauvre. Nous avons adopté le christianisme et la Russie a cessé de progresser. Quelle est la raison de cette situation?

Réponse: Cette question n'est pas posée correctement, et nous ne sommes pas du tout d'accord. Nous croyons que la Russie est le pays le plus spirituel. Le christianisme n'est pas intervenu sur la dégradation de l'homme. La dégradation a été causée par le choix que le programme a mis à disposition de l'homme. La liberté de choix représente 30% dans les situations. C'est assez beaucoup pour ceux qui ne savent pas vivre. Le Dieu a laissé le choix libre pour apprendre à l'homme à penser aux conséquences et en même temps à s'améliorer dans la direction désirée.

S'il y a des événements négatifs, ce n'est pas le Diable qui les choisit, c'est l'homme.

Le christianisme éduquait toujours la moralité dans l'homme. C'était un mécanisme de gestion de l'énergie au sein d'un individu, un mécanisme de traduction des lois du monde extérieur dans le monde intérieur de l'homme. Il est très important comment on se forme à l'intérieur. L'homme doit obligatoirement se construire selon les lois divines de ce monde, sinon il viendra chez le Hiérarque négatif. S'il n'y avait pas eu de christianisme et de crainte de Dieu pour ses actions, la dégradation aurait été plus forte. Le christianisme a donné à l'homme des valeurs morales, l'a retenu de faire de mauvaises actions, donc, il a joué et continue à jouer un rôle important dans le salut de nombreuses âmes.

Question: Dans vos livres, peu d'attention est accordée à la Russie. Pourquoi?

Réponse: Nous écrivons pour toute l'humanité. Cette idée de distinguer quelqu'un et isoler en tant que nation n'est pas venue dans nos têtes. C'est là, apparemment, la conscience cosmique - ne pas être divisée en élus et rejetés par le Dieu. Pour les Suprêmes, il n'y a pas de division en nations. Pour eux, l'humanité existe dans son ensemble, dans toute sa masse.

Toute autre division, même si elle a existé pendant une certaine période de temps, n'a pas d'importance. Elle a déjà rempli sa fonction historique et énergétique.

Si l'humanité a été divisée en nations et peuples, c'est à cause des objectifs particuliers du Cosmos qui étaient poursuivis. Chaque nation produisait une certaine gamme d'énergies pour les Systèmes hiérarchiques.

Et qu'est-ce que c'est une nation? C'est une certaine structure énergétique de l'homme. Bien qu'en apparence il soit invisible, mais la constitution humaine est constamment modernisée dans sa structure subtile par un Système matériel spécial du Cosmos, et tous les changements sont réalisés sur un plan subtil. L'homme ne voit pas ces structures par la vision physique. Mais les clairvoyants, qui ont une vision astrale ou éthérée, voient qu'une personne a des structures complètement différentes que l'autre. Et d'autant plus que cette différence concerne les nations, puisque chacune dans sa structure est orientée au traitement de sa propre gamme d'énergie, dont les Systèmes hiérarchiques ont besoin.

Mais tout change avec le temps. Dans la sixième race, qui suit la race actuelle, la division en toute nation sera arrêtée. L'humanité deviendra unie, comme il se doit. Par conséquent, pour une nouvelle race, l'existence dans le passé de tous pays divisant l'humanité en groupes et en groupements semblera une antiquité lointaine. Il y aura un seul état. De plus, les représentants de la nouvelle race auront une autre conscience, plus élargie que la conscience de l'homme moderne, de sorte qu'ils comprendront tout correctement. Ils comprendront que tout pays sur la Terre n'est qu'un besoin temporaire du Cosmos. Et chaque pays lui (Cosmos) * donne ce pour quoi, en fait, il a été créé.

Il n'y a pas de pays plus utile ou plus mauvais, chacun remplit la fonction qui lui a été confiée par l'Au-delà. Il est nécessaire de produire pour le Cosmos plus d'énergies d'un certain type, on prend le pays correspondant et y crée le nombre d'habitants nécessaire, la culture et le niveau technique nécessaire. La grandeur du pays est faite artificiellement par l'Au-delà à cause du besoin du Dieu en quelque chose.

Est-il possible de dire quel modèle de machine a joué un rôle plus important pour les gens: un tracteur, une grue, un camion, une moissonneuse-batteuse, un bateau, un avion ou une fusée? A l'époque chaque machine a joué son rôle pour l'humanité, et par conséquent, on ne peut pas dire que l'avion est plus important que le camion, et la moissonneuse-batteuse est meilleure que le sous-marin. Il est plus important de déterminer quelle fonction ils ont accomplie et ce qu'ils ont donné à l'homme. De même, les nations. Hier, l'Empire romain était important, aujourd'hui - l'Angleterre, demain - les Etats-Unis, et plus loin - la Russie. Chaque pays remplit sa mission historique et cosmique et chaque pays est singulier et unique.

Il y a une autre raison pour laquelle nous ne divisons pas les gens en nations ou en pays.

Quand les âmes des gens de la Terre passent aux Sphères supérieures, elles deviennent toutes égales. Là-haut les nations n'existent pas. Les gens de toutes les nations acquièrent une nation cosmique, pour ainsi dire. Et elles ont toutes un nom unique – l'Essence. C'est-à-dire, cet être, qui est admise au développement éternel. Et le Dieu et le Diable n'ont que des Essences dans les hiérarchies. La seule différence entre elles est un degré de développement différent, qui est déterminé comme le Niveau de

118

perfectionnement. Autrement dit, les âmes du Dieu et du Diable ont le droit de différer seulement du degré de leur développement.

Mais puisque les neuf Systèmes hiérarchiques s'occupent de la Terre, ils divisent les âmes terrestres selon la qualité de leurs connaissances. Une âme connaît mieux une chose, une autre âme est plus forte en autre chose, et ainsi de suite. Et chaque système se spécialise dans un certain domaine d'activité, de ce fait, une âme convient plus à un Système pour s'occuper des conceptions, et une autre - pour un autre Système, afin de créer des formes vivantes.

Par conséquent, l'homme doit s'habituer à une idée que toute l'humanité est unie. Il n'y a pas de mauvaises et de bonnes nations. Les âmes de toutes les nations atteindront un jour le même degré de développement (le 100ème Niveau de la hiérarchie terrestre), et ensuite elles passeront toutes au premier Niveau de la Hiérarchie du Dieu ou du Diable.

Question: Le groupe de contact de Sosnovoborsk a publié ses récents contacts avec l'Essence - Kryon. Ils ont présenté beaucoup de points intéressants concernant notre vie. Donc, Kryon dit que les gens ne connaissent pas la vraie histoire de la Russie, elle est si terrible que si les gens découvraient la vérité maintenant, cela plongerait tout le monde dans un choc extraordinaire ! Qu'est-ce qui s'est passé de si horrible ?

Réponse: Bien sûr, nous n'entrerons pas dans tels détails. Cela concerne uniquement l'histoire de l'humanité, l'histoire d'un peuple. Les gens peuvent s'y débrouiller librement en autonomie. Et si Kryon en parle, cela signifie qu'il s'occupait directement de l'histoire de la Russie et qu'il sait ce que les gens ne savent pas, ou ce qui leur a été mal interprété.

En effet, cette histoire que l'homme écrit pour une étude universelle diffère beaucoup de la véritable histoire, et cela n'advient pas seulement en Russie, mais dans n'importe quel pays. Les historiens falsifient toujours plusieurs faits selon la direction de la politique que les dirigeants de ces pays veulent voir. Il arrive parfois que les historiens présentent les événements de leur point de vue en raison d'un manque de compréhension de certains processus. Et ce point de vue s'avère faux.

Une autre raison pour laquelle l'histoire est écrite faussement est la dissimulation artificielle d'un certain nombre d'actions des politiciens et de conséquences de leurs activités. De ce fait, cette histoire qui arrive aux gens n'est pas généralement véridique, elle est toujours artificiellement formée et colorée dans les couleurs qui plaisent aux artistes politiques.

Mais pour mieux imaginer et comprendre à quel point les événements passés de la société sont terribles, il suffit d'étudier la situation de la vie de la Russie au moins jusqu'en 1941, pendant la période des guerres ; il suffit de se tourner vers les témoins de certains événements. Vous trouverez certainement parmi eux ceux qui présenteront des faits connus sous une forme qui ne coïncidera pas avec l'opinion notoire et inoculée par des historiens.

L'histoire de la Russie ne peut pas être qualifiée de prospère et sereine. C'est la voie des bouleversements permanents et de la souffrance. Même si l'on prend une courte période après la révolution, on verra des camps de concentration, des atrocités, de l'élimination de son propre peuple. Sur le territoire de la Russie, on fait constamment, on se livre au mal. Il n'y avait jamais de respect envers l'homme, c'est un esclave, et pour cette raison nous avons eu l'esclavage et le servage. Les propriétaires terriens commettaient des atrocités, ils maltraitaient des paysans subordonnés. L'histoire cite simplement les événements, mais ne reflète pas leur côté moral, et il était vraiment terrible, parce qu'à l'heure actuelle les animaux sont mieux traités que les gens à cette époque. Ce n'est qu'après la Seconde Guerre mondiale, au cours des années de l'essor du socialisme, que l'homme a réussi à voir qu'il puisse être traité avec respect et qu'il puisse être apprécié.

Maintenant, après la perestroïka, la dignité de l'homme est à nouveau piétinée, et sa vie ne vaut rien. On commet autour de telles atrocités que dans une petite ville les gens ont peur de quitter la maison après 19h00. Dans les grandes villes, ct n'est pas peut-être très visible, mais dans les petites villes il est très apparent que les gens deviennent à nouveau dénaturés, ils perdent leurs meilleures qualités humaines, ils se transforment en animaux agressifs tenant un langage humain. Le profit et le bien-être, parfois remplacés par de simples plaisirs personnels, sont appréciés par-dessus tout. L'honneur, la conscience, la dignité humaine sont oubliés et la haute moralité est réduite à la satisfaction des instincts bas et animaux.

Donc, Kryon a raison: si l'on regarde la vie des gens du point de vue plus élevé, alors elle devient laide. Pour le voir, il faut examiner chaque fait historique séparément et en détails, en le divisant en blanc et en noir. En outre, dans l'histoire beaucoup est resté au-delà de la notoriété publique. Les gens ne savent que ce que les leaders politiques et les dirigeants des États ont permis de savoir.

Question: Est-ce qu'une expérience avec le socialisme qui a existé pendant 70 ans, et l'orientation des gens au communisme étaient le programme du pays ou c'était son karma? Et pourquoi ce régime a-t-il été introduit, s'il existait si peu?

Réponse: C'était le programme de la Russie. Tout cela a été fait pour la descente sans problèmes sur la Terre des envoyés du Dieu. Il fallait créer pour les futurs envoyés du Niveau supérieur dans le monde inférieur une oasis avec des relations de vie plus ou moins humaines et régulières.

Les âmes supérieures viennent de leur monde, où des relations sublimes et civilisées sont développées, où il n'y a pas d'agression et de basses passions détruisant leurs confrères. Pour que ces âmes puissent survivre dans ce monde sauvage, on a créé pour eux le socialisme avec une orientation aux relations élevées communistes, que plusieurs personnes ont qualifiées d'une utopie à cause de leur compréhension vulgaire et de l'impossibilité d'établir une interaction normale entre les individus modernes. Les âmes supérieures respectent la loi et ne peuvent pas exister sans moralité.

Pour que les âmes sublimes et respectueuses de la loi puissent survivre dans le monde sauvage du capitalisme et d'autres abjections, pour qu'elles ne soient pas écrasées par l'amoralité, la rouerie et l'agression les entourant, il fallait détruire ce monde temporairement, le neutraliser et créer provisoirement un succédané des Relations supérieures. Pour ces raisons, le socialisme a été créé.

Ce régime a permis aux envoyés d'apprendre, de se mettre à pied et de former correctement une vision du monde, afin de comprendre l'humanité moderne et de lui donner une nouvelle direction de développement.

Si leurs âmes étaient descendues dans une société capitaliste, elles auraient été immédiatement exterminées et n'aurait pas même pu atteindre l'âge moyen – elles auraient été jugulées à cause de leurs idées, leur altérité des autres dans leur compréhension morale des relations entre les êtres humains et à cause de tout ce qu'ils font en ce moment. Pourtant malgré un tel flot d'informations ésotériques d'éclaircissement qui existent à l'heure actuelle beaucoup de médiums sont toujours persécutés et sont rejetés par la majorité des membres de la société.

Par conséquent, la destruction du régime capitaliste qui est inférieur du point de vue moral était nécessaire pour que les âmes des envoyés comprennent ce qui se passe et montre à nouveau à l'humanité quelle direction de développement est élevée et laquelle est basse, ce qui est positif et ce qui est négatif. L'homme moderne a tout mélangé et il a tiré de faux points de repère enveloppés d'or et de biens, mais menant au Diable.

Les envoyés se repéraient par la comparaison et la connaissance des Idéaux supérieurs. Les Niveaux inférieurs ne pouvaient rien comprendre dans ce domaine, parce qu'ils prennent constamment les biens et les plaisirs pour les principaux objectifs de la vie. L'homme va à ces buts en marchant sur les corps des autres et affirme que c'est juste. Seuls les envoyés pouvaient y voir les faux objectifs, imposés au gens par le Diable une fois de plus. Et il est surprenant qu'en étudiant le passé, l'histoire et en se familiarisant avec ces fausses voies grâce aux livres, l'homme n'ait pas pris note de l'expérience des autres. Il a choisi pour la énième fois la voie de plaisir et de duperie. Les rares sont ceux qui ont résisté.

Le socialisme et le communisme sont des relations existant dans les Civilisations supérieures. Le capitalisme est un régime pour les âmes basses, un système développant les vices, l'agression, l'égoïsme, qui atteint une ampleur catastrophique dans la personne des millionnaires et des milliardaires.

Vivant sous le socialisme, les envoyés se sont souvenus des véritables repères du développement hautement spirituel, puisqu'ils étaient absolument congéniaux à leurs âmes. En demeurant dans le monde bas, ils ont vu de leurs propres yeux comment les âmes inférieures déforment toutes les Lois et les Idées suprêmes en les modulant en fonctions de leurs intérêts égoïstes et bas et de la compréhension primitive de la vie. En analysant les dérives de développement, les envoyés du Dieu donnent à l'humanité par leur doctrine la possibilité de s'engager dans la Voie divine et redresser une situation catastrophique de la Terre.

Question: Quel est le rôle de la race aryenne dans le développement de notre civilisation?

Réponse: On accordait une grande importance à la race aryenne dans la cinquième civilisation, qui ne se développera pas davantage.

Toutes les races et toutes les nations, en tant que structures qui séparent et isolent, finiront leur existence dans notre civilisation. Mais les Suprêmes disent que la race aryenne représente les pures âmes cosmiques. Ils devaient introduire certaines nouvelles tendances dans la matière physique et dans les relations des gens. Certes, Ils ont apporté un nouveau souffle dans la vie de l'humanité, mais n'ont pas pu la débarrasser des problèmes et des impasses dans le développement.

Les Nazis allemands ont perverti la Doctrine suprême sur la race aryenne et l'ont transformé en fascisme, hostile à toute l'humanité avec son idéologie misanthropique. C'est un exemple du fait comment l'homme est capable de déformer le Supérieur, orienté vers le bien de l'homme, en le transformant en Inférieur, contribuant au développement du mal.

Les Russes sont plus développés spirituellement que plusieurs d'autres nations. Bien que maintenant plusieurs individus inférieurs, c'est-à-dire les jeunes âmes, soit intégrés dans leur environnement. C'est à cause d'eux qu'une opinion erronée à propos de notre dégradation spirituelle se forme. Non. Spirituellement, la Russie a pris de l'essor et est au-dessus de nombreux pays, donc une nouvelle race d'or viendra de cette nation.

Question: La maçonnerie se rapporte à des forces sombres ou claires?

Réponse: Là, il ne faut pas diviser en forces sombres ou claires, il faut distinguer les forces avancées et non avancées. Au moment où elle était créée, il appartenait aux forces avancées et possédait certaines connaissances secrètes. À l'époque, la franc-maçonnerie a joué un grand rôle dans le développement des différentes couches de la société. Maintenant, elle est déjà devenue une force conservatrice.

À PROPOS DES GOUVERNEURS

Question: Pourquoi les bons   gouverneurs et les gouverneurs rigides sont-ils alternés au pouvoir?

Réponse: Ainsi, on envoie aux gens des épreuves par l'intermédiaire des leaders. Ils existaient et continueront à exister. Les forces négatives obtiennent le pouvoir pour une certaine période pour qu'elles divisent les âmes en positives et négatives, pour révéler clairement à travers leur lutte les deux directions du développement. Un tri des âmes se produit.

Lorsqu'il est nécessaire, le gouverneur du Système Négatif est donné pour diriger les gens de façon sévère vers la direction demandée, pour leur apprendre à respecter les lois. Le peuple doit savoir ce qui est bon et ce qui est mauvais. Quand il ne veut pas apprendre volontairement, on lui envoie un leader négatif qui l'a forcé par les mesures contraignantes de faire ce que les gens devaient faire d'eux-mêmes dans un environnement favorable, à savoir, ils devaient apprendre à respecter les lois selon l'appel de leur cœur.

Sous un bon dirigeant et un Niveau inférieur de la population, il y a toujours la dégradation, donc, dans l'histoire il existe des hauts et des bas. D'abord c'est la liberté qui est donnée, et les Suprêmes regardent où les âmes se précipitent.

La liberté est donnée à l'homme afin de manifester le maximum du positif mais au lieu de cela il se lance à la poursuite de l'argent, de la mode, des divertissements, et de cette manière les gens empruntent la voie de développement négative. Ensuite, le gouverneur négatif est désigné pour augmenter la conscience de soi de l'homme et le forcer à réfléchir au but de sa vie. Un bon peuple peut être enseigné à travers les traditions, les rites, les fêtes, apprenant surtout aux gens la gentillesse envers les autres. Pendant les fêtes un maximum de capacités créatives se manifeste. Chantez, dansez, développez ces qualités, mais sans énergies basses.

Question: Pourquoi, depuis 80 ans, nous n'avions pas de dirigeant qui donnerait au peuple la liberté et de bonnes conditions de vie?

Réponse: Les parents sévères élèvent des enfants honnêtes. Il faut le comprendre ainsi. La liberté c'est l'indépendance. Quand on donne aux enfants ou à un certaine peuple la liberté totale, ils commencent à faire ce qui leur vient à l'esprit sans analyser si c'est bon ou mauvais. L'iniquité, l'anarchie, la violence se multiplient, le clair est repeint en noir. Après les années 90 du siècle dernier, l'homme a reçu beaucoup de liberté, et vous voyez que seulement 10 ans ont passé, et l'illégalité absolue a commencé.

Pour l'arrêter un gouverneur strict est indispensable. Par conséquent, d'habitude un dirigeant positif est suivi d'un dirigeant rigide du système négatif. C'est-à-dire le Cosmos surveille comment il faut rééquilibrer la situation, après une période de liberté, quand la société commence sur le plan spirituel à aller dans la mauvaise direction. Les Suprêmes ont leurs propres mesures et la position du Cosmos ne coïncide pas avec la position de l'homme en ce qui concerne le bonheur, la spiritualité. Donc, dans notre série « L'ésotérisme en aphorismes» nous voulions tout d'abord montrer dans quelle direction l'homme doit développer sa moralité, ses principes moraux pour que son point de vue sur le développement coïncide avec le point de vue des Enseignants supérieurs.

POTENTIEL ÉNERGÉTIQUE DES LOIS

Question: La dernière fois vous avez parlé de certains événements intéressants liés au livre « Lois de l'Univers ». Probablement, ce ne sont pas toutes les histoires qui sont liées avec eux. Que pouvez-vous nous raconter d'autre à ce sujet? Je ne parle pas du processus technique de leur étude ou de leur création, j'entends le mystique qui les entoure.

Réponse: Oui, beaucoup de mysticisme est lié à ce livre, il arrive avec nous et avec les lecteurs isolés. Le livre « Lois de l'Univers » - c'est le matériel principal qui doit être étudié par l'homme pour l'avancée ultérieure dans son développement. Je veux lire un extrait du livre « La doctrine secrète des jours de l'Apocalypse» des écrivains Alexandre et Tamara Blanc. « En 2000, les scientifiques russes ont publié les faits suivants. En décembre 1998 jusqu'à 2000, la Terre a reçu un coup énergétique provenant d'une source d'énergie inconnue. Cela a été détecté grâce à l'eau, qui en Décembre 1998 et en 2000 a tellement changé sa structure énergétique, que sans sa capacité de rendre l'énergie reçue graduellement pendant trois semaines, l'eau aurait tout simplement commencé à bouillonner ».

De 1998 à 2000 Larissa Seklitova a capté et a noté les textes des Lois. Les jours de contact ont été établis. Je vais me répéter un peu, en disant que, avant la réception des contacts nous avons emménagé dans la maison qui était située directement sur l'eau, c'était un lieu marécageux qui aidait à faire descendre l'énergie dans l'eau et à l'étendre plus loin. Donc, les scientifiques ont découvert la descente de l'énergie liée à nos contacts. Cela nous a également été dit lors du contact de dialogue. Un puissant flux d'énergie, canalisé dans notre ville, a été également découvert par des scientifiques américains, ils n'ont pas pu seulement établir à quel endroit précis il arrive.

Avant la descente de l'énergie on a nettoyé le canal en utilisant l'orage ordinaire. Un nuage a apparu au-dessus de la maison et les éclats de tonnerre puissant ont commencé à gronder. Il semblait que les obus explosent directement sur le toit d'un immeuble. Les éclairs brillaient l'un après l'autre, de sorte que, l'alarme s'est déclenchée deux fois dans une voiture située sous les fenêtres à cause des décharges électriques. Les chiens, effrayés du fort tonnerre, hurlaient dans la cour. Les voisins disaient ensuite: "Quel fort orage. Il semblait que la maison s'effondre. " Nous les écoutions, admettions qu'en effet c'était la première fois que nous avions entendu un bruit pareil au-dessus des toits des immeubles, et nous restions silencieux sur la vraie nature de ce phénomène.

Les gens étrangers percevaient le nettoyage du canal comme un phénomène naturel ordinaire, quoique puissant. Et nous savions que de cette manière les méthodes techniques des Suprêmes dégageant le canal pour la descente d'énergies puissantes étaient dissimulées. Il est nécessaire que l'audibilité soit aussi pure que possible pendant la période de la réception de l'expression verbale des Lois, de leurs énoncés. Elles devaient garder leur structure énergétique pendant leur réception.

Et en janvier 2006, les Lois ont été rééditées pour la deuxième fois. Et je tiens à dire que même lors de la réimpression des Lois, il y avait divers ennuis techniques sur le plan physique. Nous avons déjà déménagé dans un autre endroit, dans une maison privée. Il n'y avait pas d'eau à côté. Dans la rue un poste de transformateur se trouvait en face de la maison. La rédaction m'a envoyé par la poste électronique une maquette d'un nouveau livre de Lois. Il fallait corriger les erreurs et vérifier les schémas, car ils se dissociaient constamment lorsqu'ils étaient transférés d'un l'ordinateur sur un autre. Je vérifiais le chapitre après le chapitre, j'écrivais où et sur quelle page j'avais trouvé des erreurs et je renvoyais des remarques à la rédaction.

Pendant ce travail, les disjoncteurs de sécurité dans le poste de transformateur brûlaient tout le temps, la lumière s'éteignait. Une voiture d'équipe de dépannage arrivait, les travailleurs ouvraient le poste de transformateur, réparaient quelque chose et mon travail poursuivait. Parfois, l'équipe de dépannage arrivait deux fois par jour. Pendant tout le mois de janvier 2006, la voiture de dépannage passait quotidiennement au poste de transformateur.

Un soir, quand j'étais en train de vérifier les Lois, quatre claquements forts se sont retentis dans la rue comme si on a fait exploser les pétards de Nouvel An. La lumière s'est éteinte. Nous avons regardé par la fenêtre. Il faisait autour de l'obscurité complète. Larissa a vu un fil suspendu en l'air près du pilier vers lequel les lignes électriques de notre maison ont été connectées. Le fil ordinaire qui allait du pilier au pilier, a brûlé juste près de notre pilier et s'est déchiré. Un bout est tombé sur le trottoir, ce qui était déjà dangereux pour les gens. Dans l'obscurité le piéton pouvait ne pas remarquer le bout du fil, marcher dessus et mourir. On a dû appeler l'équipe de dépannage et aller le veiller près du pilier.

Et dès que la vérification des Lois a été achevée, tous les accidents avec notre poste de transformateur se sont arrêtés. Les autres livres qui ont été vérifiés, avaient le potentiel énergétique moins fort, donc il n'y avait pas de situations pareilles.

Pourtant une question se pose, pourquoi la ligne électrique venant à la rédaction n'a pas été surchargée? Je me suis intéressée à cette question, mais je l'ai expliquée comme suit. L'énergie était transmise seulement à travers de nous et notre canal, elle arrivait déjà dans la rédaction, sous la forme cryptée et bloquée, donc là-bas, tout était en norme.

Les Lois – c'est un œuvre principal qui est donné à l'humanité à cette étape de développement. Ils sont complexes, mais il faut tout de même lire l'interprétation, l'étudier, assimiler même par de petites doses. Nous recevons beaucoup de commentaires de la part des gens qui disent qu'après la lecture des Lois ils sentent que les canaux se sont ouverts. Autrement dit ce sont les gens qui sont spirituellement prêts à appréhender les informations à haute énergie, de ce fait, le potentiel supplémentaire de l'énergie leur a ouvert le canal.

Une femme qui a déjà eu les prémisses de la clairvoyance, a commencé à voir les molécules et les atomes dans les objets matériels. Une autre chose intéressante, certains gens écrivent que le canal de la créativité s'est ouvert en eux. Ils nous envoient des poésies, qu'ils ont commencées à écrire après l'étude de nos informations. Il est intéressant que les canaux des gens soient ouverts, et les gens peuvent s'essayer dans un emploi complètement nouveau. Donc, efforcez-vous d'étudier les Lois. Pourtant je ne conseille pas aux débutants de lire tout de suite les textes originaux, car ils sont très compliqués. Commencez par l'interprétation.

Nous sommes souvent confrontés au fait que les lecteurs ne sont pas généralement prêts à percevoir des informations complexes. Par conséquent, nous avons publié une petite série supplémentaire « L'Ésotérisme en aphorismes ». Elle permet d'intégrer ces couches de lecteurs qui connaissent peu la science ésotérique et ne peuvent pas comprendre les livres compliqués. Le processus de création continue.

Question: Quels sont les autres événements intéressants ou même miraculeux qui se sont passés avec les Lois ou les personnes les lisant?

Réponse: Le plus grand miracle est déjà arrivé. Il s'agit de la transmission sur la Terre du Code des Lois de l'Univers. Il faut comprendre qu'elles sont écrites d'une manière absolument nouvelle et en langue des générations futures. Est-ce que ce n'est pas un miracle ? Il faut seulement aller au fond des choses. Personne n'écrivait nulle part à propos de ces Lois avant. Ce sont des informations actualisées, une nouvelle énergie, de nouvelles connaissances, une nouvelle mutation des gens.

Ces Lois sont applicables pas seulement à l'homme. Les relations dans le Hiérarchie du Dieu dans d'autres mondes sont établies et formées selon ces Lois. Et l'homme ne savait jamais conformément auxquelles Lois le Cosmos vit et se développe, il ne savait pas du tout que dans cet espace qui lui semblait vide, les Lois ont effet plus important que sur la Terre.

En ce qui concerne d'autres moments mystiques, ils sont nombreux. Peut-être, nous en parlerons plus tard dans un livre séparé, si nous avons le temps.

Question: Pourquoi les « Lois » ne sont-elles pas écrites en langue moderne? Les gens les comprendraient et accepteraient plus vite.

Réponse: Toutes nos informations sont basées sur plusieurs Niveau de la perception. Les Lois sont données directement à une future race, c'est-à-dire à un Niveau de développement plus élevés, de ce fait leurs textes, leur présentation sont différents que les textes destinés à la cinquième race. La raison est que la langue changera obligatoirement. Nous voyons déjà maintenant comment notre langue s'est modifiée, et elle changera encore plus à l'avenir. Une chose positive est que dans 300 - 400 ans le vocabulaire grossier disparaîtra du langage humain. Il sera progressivement retiré de la circulation. Un Niveau de développement élevé de nouveaux membres de la société ne leur permettra pas d'utiliser dans leur discours des expressions vulgaires et grossières, cela commencera à répugner à leurs âmes.

La langue est un moyen de former notre âme parce que la formation de la matrice des concepts et de la matrice des qualités humaines se produit à travers la langue. Si vous avez lu nos livres, « La structure énergétique de l'homme et de la matière », « L'âme et les secrets de sa structure », vous savez que l'âme de l'homme n'est pas tout seulement une matrice, elle est une composante de plusieurs matrices, y compris les matrices du temps, des Lois, des concepts, des qualités ; l'âme a aussi des enveloppes, qui remplissent également leurs fonctions. Par conséquent, le mot a une grande importance pour notre civilisation lors de l'accumulation des énergies par la structure de l'homme et lors des constructions qui ne s'effectuent que par la réflexion. L'homme ne doit pas lire uniquement, mais il doit réfléchir. Bien que ce soit difficile, mais de cette manière il fait des constructions au sein de la matrice des concepts.

On nous dit que le cerveau humain est un élément temporaire de la construction, qui est supplémentaire pour le développement de l'âme, et le temps viendra où cette enveloppe sera rejetée et l'homme commencera à penser par la matrice. Toutes les informations sont fournies afin d'apprendre à l'homme à penser par la matrice. Pour le faire, nous devons la former.

Question: Je ne sais pas pour quelle raison je pleurais en lisant votre livre « Les Lois » et je ne pouvais pas m'arrêter.

Réponse: Vos larmes peuvent être causées par deux raisons interdépendantes. Premièrement, beaucoup de douleur affective s'est accumulée dans l'âme au cours d'une période de temps. La vie ne répond pas aux demandes de votre âme. Elle aspire au beau et au clair, à la justice et aux relations sublimes entre les gens, et autour il n'y a que de la brutalité, de la grisaille, des saletés. L'âme supérieure souffre beaucoup en ressentant constamment cette non-conformité à ses besoins. Cela n'est pas toujours visible de l'extérieur même pour la personne elle-même, mais à l'intérieur une sorte d'un abcès de la douleur interne s'accumule. Et quand cet homme entre dans la zone des énergies élevées (ce qui arrive lors de la lecture des Lois), cet abcès crève, la personne pleure et ne peut pas s'arrêter. L'âme a accumulé beaucoup de souffrances et maintenant elle s'en affranchit. La même chose arrive avec certaines personnes dans l'église, les énergies élevées font apparaître leur douleur affective, qui s'accumule en excès, et le soulagement vient.

Mais que faire, la vie est actuellement très difficile pour tout le monde, alors il faut avoir du courage et essayer d'être plus fort que l'abjection qui nous entoure. Il est important de ne pas perdre son propre visage humain, de ne pas s'isoler et, si possible, d'aider les autres. Lorsque vous atténuez la douleur et les souffrances des autres, vous atténuez en même temps les vôtres.

La question est de savoir qui aura besoin de votre aide: votre proche, votre collègue de travail ou votre voisin, ou peut-être celui qui aura besoin de votre aide, vous rencontrera seulement dans 20 ans. Mais il est possible que vous rendiez déjà de petits services à quelqu'un, et l'aide par ce fait. Et pour aider les autres, l'âme élevée doit beaucoup souffrir elle-même, parce qu'elle est venue d'un monde plus supérieur dans cette grisaille et cette abjection.

Deuxièmement, vos larmes peuvent être causées par le fait que vous êtes venu aussi sur la Terre d'un monde plus supérieur et que vous avez senti les hautes énergies congéniales lors de la lecture des Lois, donc, vous avez la nostalgie de votre monde supérieur. Quoi qu'il en soit, la haute énergie des Lois a donné une impulsion à la croissance spirituelle ultérieure de l'homme, et c'est la chose la plus importante.

CHAPITRE 7
À PROPOS DES INDIVIDUS

Question: En numérologie, il y a le système de Pythagore pour déterminer le nombre de vies vécues. Selon ce système, l'homme ne peut vivre au maximum que quinze vies. Comment pouvez-vous le commenter?

Réponse: Le calcul de Pythagore a été donné pour un certain cycle de développement, évidemment, pour l'humanité, qui devait se développer depuis le début d'une nouvelle ère. Une période de développement de 2000 ans a été prévue pour elle. Même si l'on calcule grosso modo, à condition que l'espérance de vie moyenne de l'homme soit égale à 60 ans l'espérance de 15 vies cumulée sera de 900 ans, alors les intervalles entre les réincarnations doivent faire environ 70-80 ans. Et c'est très peu. Donc, une quantité pareille de vies pour son système de calcul est tout à fait correct: notamment, au cours de 2000 prochaines années, la jeune âme peut vraiment se réincarner 15 fois. Tout système n'est donné que pour une période de temps strictement défini, puisqu'ensuite tout change.

Mais la plupart des âmes n'ont pas commencé leur développement dans la quatrième race. Elles se développaient dans la première, deuxième, troisième, quatrième race sur la Terre. Les âmes pouvaient venir sur la Terre d'autres mondes pour travailler certaines qualités. Donc, le nombre de leurs incarnations sera beaucoup plus important. Mais elles ne pourront pas se réincarner pendant une nouvelle ère plus de 15 fois. Si l'on totalise toutes les vies de ces âmes, on obtient cent ou même mille réincarnations. Dans tous les cas, il y a des tendances générales, et il y a des cas particuliers, il y a de vieilles âmes qui continuent à se développer, et il y a de jeunes âmes qui commencent seulement leur développement. Par conséquent, il ne faut pas examiner les questions pareilles d'une façon bornée et étroite, à courtes vues, mais il est nécessaire de les analyser globalement.

Question: Wolf Messing avait un Niveau de développement supérieur s'il possédait de telles capacités. Mais je sais qu'il avait peur de la mort et de la solitude. Est-ce que les âmes élevées en ont peur?

Réponse: Les âmes élevées ont toutes un caractère différent; par conséquent, ce qui est propre à un individu n'est pas inhérent aux autres. Une mémoire du passé de Messing a été fermée, donc il ne se souvenait pas de l'existence des vies passées et le niveau actuel des connaissances de la société ne permettait pas à l'âme de se rappeler de l'existence de la vie après la mort. Il a reçu le corps d'un homme de la cinquième race, et il a été construit sur la base des sentiments habituels aux gens de cette époque.

La mort est très sale, donc elle répugnait aux gens plutôt que susciter la peur. Elle apporte des énergies basses qui provoquent dans des âmes élevées les sentiments de l'aversion, du dégoût. Mais les serviteurs du Diable sous forme humaine se réjouissent de ces énergies, elles les attirent, car elles leur sont congénitales. Ce n'est pas pour rien que les assassins du Diable aiment l'énergie des meurtres et ne regrettent jamais au fin fond d'eux-mêmes de leurs actes, mais, bien qu'ils puissent prétendre qu'ils repentent et regrettent ce qu'ils ont fait juste afin de tromper le grand public. Mais c'est une dissimulation sous forme des qualités positives.

Question: La personnalité du comte Saint-Germain est entourée de mystère. Il semble qu'il ait eu des connaissances en eau de jouvence - l'élixir de longue vie. Est-ce vrai, et comment était sa mission sur la Terre?

Réponse: Oui, l'eau de jouvence existait, mais seulement celui dont le programme était prévu pour plusieurs vies pouvait s'en servir. Le reste des gens pouvaient rajeunir, mais ils mouraient tout de même à l'heure fixée, quand leur programme prenait fin. Aucun homme n'est capable à son gré de passer outre au programme personnel, et aucun élixir n'y aidera pas.

La mission de Saint-Germain était de diriger des gens ignares et profanes vers la connaissance du monde subtil. Les gens sont concentrés sur le côté matériel, ils ne croient rien. Il fallait bouleverser leur imagination par des miracles afin de les faire réfléchir aux possibilités de l'homme d'acquérir des propriétés inhabituelles, de les faire comprendre que de mêmes capacités comme chez ce compte se cachent dans chaque homme. L'homme devait savoir que chacun peut devenir le même s'il apporte du zèle dans l'apprentissage des connaissances secrètes qui existaient toujours sur la Terre. Autrement dit Saint-Germain devait servir de modèle aux âmes étant avide de connaître le nouveau.

Question: J'ai lu que lorsque le Dalaï Lama meurt, les Tibétains ont une méthode spéciale pour chercher sa nouvelle incarnation. Le Dalaï Lama est le guide suprême spirituel et leader d'Etat du Tibet. Je le sais. Mais j'aimerais savoir qui il est en réalité du point de vue ésotérique. Quelles sont ses fonctions, outre le poste suprême religieux et public?

Réponse: Le Dalaï Lama est vraiment une âme supérieure, qui guide son peuple, en se réincarnant constamment dans lui. Le but de cette expérience est que le même guide spirituel - une sorte de Déterminant dans le corps humain - doit élever ses administrés en demeurant ici, sur la Terre. De cette manière, il lui est plus facile de comprendre, de sentir son propre peuple, et donc, il est plus facile de le diriger dans la bonne direction du développement. Aucun peuple sur la Terre n'avait rien de pareil.

Question: - Avez-vous des informations, qui sont Koot Hoomi et Fign?

Réponse: Nous n'étions pas intéressés par cette information. Nous savons qu'ils sont les Enseignants Suprêmes. Ils appartiennent à un autre Système cosmique que nous, les Russes. Mais ils ont développé de bonnes pratiques. Les Russes n'en possèdent pas. Et ce serait bien d'en avoir les siennes. Cependant, je pense que leurs pratiques sont conçues pour travailler avec des énergies pour les hommes de la race jaune.

En ce qui concerne les pratiques, je ne peux rien recommander, vous devez tirer vos propres conclusions. Je vais dire ce que nous savons sur les races. Chaque vraie race: blanche, jaune, noire - travaille dans sa gamme d'énergie. C'est pour cette raison que toutes les pratiques sont destinées au travail avec une gamme d'énergies bien précise. Selon les niveaux de développement, la race noire se situe tout en bas, la race jaune occupe une position moyenne et la race blanche est en tête.

Chaque race est créée par un certain Système cosmique particulier et travaille pour lui, c'est-à-dire, l'énergie générée par la race entre dans le Système cosmique qui l'a créée. Naturellement, chaque race reçoit des informations et des pratiques de son propre Système. Après la mort les âmes sont divisées en races dans le Séparateur et chaque âme vole dans son Système.

Si la race supérieure utilise les pratiques de la race inférieure, il vaut la peine de réfléchir ce qu'elle en obtient. Je ne peux pas imposer mon opinion. Vous connaissez mieux ces pratiques et il faut juste analyser ce qu'elles vous ont donné.

En général, dans chaque doctrine, il est possible de trouver quelque chose d'utile pour soi-même. L'essentiel est de comparer, de tirer des conclusions et d'avancer.

EXAMINERONS DE VIEUX CONCEPTS

Récemment, une vague de vieille littérature ésotérique portant les concepts du siècle dernier a envahi les étagères des librairies. En se familiarisant avec elle, le lecteur commence à connaître le monde ésotérique à partir de vieilles idées qui sont déjà devenues obsolètes et qui encombrent la conscience des gens. Chaque siècle a sa propre vision de l'environnement, correspondant au niveau de développement atteint. Le temps moderne apporte des concepts absolument différents, brisant totalement ou partiellement ceux qui sont anachroniques. Parfois, le nouveau ne rentre pas dans le cadre des connaissances du passé, autant il est progressivement audacieux, autant correctement il reflète la vérité qu'à première vue il semble incroyable.

Mais quand le lecteur avance dans la connaissance, en se fondant sur ce qui est anachronique, il parvient à peine à construire les ponts légers de nouvelles idées vers ses vieux acquis enracinés. Bien qu'il soit plus facile d'oublier tout cela et de commencer à construire une nouvelle base pour les connaissances futures du Niveau plus supérieur.

Ci-dessous, nous essayons de constituer des ponts dans la conscience, encombrée de ces concepts obsolètes. Le lecteur demande, nous répondons.

Question: Y a-t-il une planète d'Anges? Si oui, quel est le mode de vie de ces êtres sur la planète?

Réponse: L'homme appelle les Anges en général tous les êtres brillants et volants du monde subtil, même ces Essences qui viennent chercher les âmes des gens après la mort et appartiennent au Système négatif du Diable. Il n'y a pas de grande erreur là-dedans, parce que les Essences négatives aident les gens en faisant ce travail désagréable. Ils attrapent sur les plans terrestres des âmes énergétiquement basses qui ont perdu l'énergie et qui sont incapables de monter seules vers le Distributeur. Ces Essences se trouve constamment dans l'espace circumterrestre et accomplissent le travail qui leur est confié. Ils "volent" du plan terrestre au Distributeur.

Mais nous allons citer ceux que l'homme qualifie des Anges. Ils demeurent dans les mondes différents.

Certains aident les êtres de différentes planètes physiques de notre univers, d'autres sont dans la hiérarchie du Dieu et s'occupent de la créativité, de la spiritualisation, de la création des matrices des âmes. Les troisièmes demeurent dans le Système d'Aide de la Hiérarchie médicale et apportent diverses aides aux êtres vivants, aux planètes, aux gens.

Il y a aussi des Anges spéciaux qui sont responsables de la Terre, ou plutôt ce sont des Essences qui cuvent les hommes et qui peuvent les aider du monde subtil. Ces Anges sont proches de la Terre, ils sont eux-mêmes au premier Niveau de la Hiérarchie du Dieu. Ils ont un monde particulier, lumineux et beau, construit sur la base des hautes énergies.

Ces êtres n'ont pas d'ailes, elles volent à l'aide de la pensée. Leur travail consiste à aider les gens et les animaux sur la Terre, c'est-à-dire, ils servent seulement la Terre et aucune autre planète. Ils surveillent la mise en œuvre des programmes par les gens, ils sauvent ceux qui tombent accidentellement dans des catastrophes, des accidents. Parfois cela arrive : la voiture se renverse lors des courses, elle brûle, mais le pilote reste en vie. Ou une mine explose sous la terre, tout le monde périt, et cinq personnes restent en vie. Ce n'est pas un miracle, mais justement l'aide prêtée par les Anges. Les gens tombent souvent du dixième étage et restent en vie. C'est aussi l'aide des Anges. Tous les saluts miraculeux sont effectués par eux du plan subtil. L'homme ne le sait pas simplement.

Question: - Dans la doctrine de Synthèse j'ai appris les globes des Homards, des Démons, des Enfants, de l'Humanité, des Anges (apparemment pas ceux dont vous parler, puisqu'ils sont curieusement rapportés aux animaux supérieurs). Qu'en pensez-vous? Avez-vous des informations à ce sujet?

Réponse: - Globes des Homards, des Démons, des Enfants, etc. ce sont les mondes où ces êtres vivent. Ces mondes sont au-dessous du plan terrestre.

Ils sont classés comme les animaux supérieurs par rapport aux animaux terrestres. Si on les compare, par exemple, avec un berger de terre ou un éléphant, ils les dépasseront dans leur développement, mais ils seront au-dessous de l'homme. Autrement dit, ils peuvent être placés entre les animaux terrestres et les hommes. Leur monde est également composé des Niveaux de la Hiérarchie, mais il est possible de ranger parmi les animaux supérieurs seulement ceux qui se sont approchés du sommet de la hiérarchie de leur monde inférieur.

D'ailleurs, le monde des diables est aussi en dessous du plan terrestre. Il en existe plusieurs variétés, comme nous avons des variétés de singes. Ils vivent dans leurs situations. Il convient de comprendre une chose là-dessus: le monde bas adjacent à notre monde est unique, mais il contient également la même diversifié des êtres très variables, que notre monde terrestre. Si dans notre monde un extraterrestre rencontre un russe, l'autre extraterrestre – un africain, le troisième - la chèvre, le quatrième - un oiseau il leur serait alors difficile de comprendre de quel genre d'êtres notre planète est peuplée. Et seules les connaissances supérieures leur permettent de ne pas se perdre dans cette question. C'est-à-dire, ils savent que dans chaque monde inférieur il y a beaucoup de créatures de très diverses formes, situées selon la dépendance hiérarchique. Et au sommet de la Hiérarchie de ce monde il y aura des Êtres suprêmes qui sont passés tous les Niveaux de ce monde.

Par conséquent, dans le monde sous-jacent, les animaux supérieurs seront ceux qui ont atteint dans leur développement le sommet de la Hiérarchie de leur monde inférieur. Certains seront transférés dans le monde de l'homme, une autre partie passera dans les mondes parallèles.

Quant aux Anges, là-dessus nous pouvons dire le suivant. Les gens prennent souvent pour des Anges les êtres matériels avec les ailes et les têtes de type humanoïde demeurant également dans le monde sous-jacent et se rapportant à la variété des êtres de ce monde. (Chez nous les oiseaux sont des créatures similaires).

Mais ils sont tous aussi au-dessous de l'homme selon le Niveau de développement, et leur intellect est au niveau des animaux intelligents. Par conséquent, ce ne sont pas de vrais anges, mais simplement des êtres ailés du monde inférieur. Pourtant les gens les confondent   par ignorance avec de vrais anges.

Dans nos livres, nous parlons de Individus hautement développées qui sont au-dessus de l'homme et qui demeurent dans la Hiérarchie du Dieu. Ils se penchent sur la créativité et sur l'aide aux gens et aux autres êtres du Cosmos. Et bien qu'ils n'aient pas d'ailes, ils se déplacent librement dans l'espace et c'est l'imagination humaine qui leur ajoute ces ailes, parce qu'auparavant l'homme ne pouvait pas imaginer qu'il était possible de se déplacer pas seulement à l'aide d'ailes, mais au moyen de la pensée.

Sans connaitre toutes les subtilités de gens ont mélangé des êtres supérieurs et inférieurs, de sorte que l'élève se perd dans une avalanche d'informations.

Question: Quelle est la différence entre les sentiments et les émotions? Et pourquoi étant parfois conscient que ses émotions sont incorrectes et inopportunes, l'homme ne peut pas tout de même les contrôler? Il s'avère que le plan mental ne peut pas contrôler les émotions. Sont-elles plus fortes que la prise de conscience au niveau de la mentalité?

Réponse: Les émotions sont des processus auxiliaires sur la base desquels les sentiments se développent. Les émotions travaillent sur les premières étapes du développement humain. Quand il atteint un niveau de développement suffisant, ses émotions sont supprimées, mais ce sont des sentiments, formées à l'aide des émotions, qui restent. Cependant, les sentiments des gens de la sixième race se transformeront en une autre forme de sensation - le sentiment de l'âme.

L'enveloppe astrale de l'homme travaille avec des émotions. Elle est construite d'une certaine manière. Il n'est pas toujours possible de contrôler les émotions car certains mécanismes qui travaillent avec les énergies de ce spectre se mettent en route. Pour arrêter ces mécanismes un puissant potentiel énergétique de l'âme est nécessaire. Si l'homme ne l'a pas encore acquis, il ne pourra pas contrôler ses émotions.

Mais quand les émotions sont très fortes, et il est impossible de les maitriser, il ne faut pas le faire. Que se passe-t-il? Dans l'enveloppe astrale, de nombreuses énergies d'un certain niveau et d'un certain potentiel énergétique s'accumulent. Cela ressemble à une ampoule. Si on donne la tension supérieure à celle pour laquelle il est conçu, elle explosera. La même chose arrive à l'homme. Si l'accumulation des émotions dans l'enveloppe dépasse la norme, à savoir il y a plus de potentiel normatif pour votre corps, la projection se produira involontairement, et si vous ne laissez pas sortie cette énergie, elle se retourne contre vous et elle provoquera la destruction interne. Tout doit être naturel et avec modération. Si vous ne pouvez pas contrôler cette énergie, il faut la verser, car elle a atteint le potentiel plus important que votre enveloppe astrale est capable de tenir.

Pour maitriser les émotions, il est nécessaire d'augmenter la puissance de l'âme. Cependant, il faut apprendre à les gérer par la suppression des émotions négatives faibles et par le maintien des émotions positives en respectant les convenances.

Cependant il ne faut pas confondre les émotions et les sentiments. Les sentiments doivent être développées, il est nécessaire d'élargir la finesse de sa sensation.

Question: Dans la Bible il y a une phrase « Ne jetez pas vos perles devant les pourceaux ». Comment la comprenez-vous?

Réponse: L'individu bas n'a pas de matrice de concepts développés, donc, il déforme tout. Ce que vous dites, et ce qu'il comprend, est fortement transformé en un niveau inférieur. Quand il ne comprend pas quelque chose, il le traduit dans les concepts qu'il possède à l'intérieur de lui, c'est-à-dire, s'il y a de la saleté et de la grossièreté dedans, alors votre information sera également déformée, tachée, faussée. Par conséquent, il ne faut pas qu'un individu bas parle quelque chose de la personnalité supérieure. Il l'abaissera toujours jusqu'à son niveau et il déformera tout ce qui se rapporte à elle. Il n'y aura pas même de dix pourcents de vérité dans ses mots.

Prenons l'exemple de l'homme d'un système négatif. Il aura la pensée absolument opposée et incompatible avec vos concepts, donc, quoi que vous prouviez à une telle personne, il ne comprendra pas, lui non plus, d'une façon que vous le voulez, parce que sa mentalité et ses qualités sont formées selon un autre principe.

Il s'avère que les premiers ne vous comprendront pas, puisqu'ils n'ont pas encore élaboré les concepts élevés nécessaires, alors que les deuxièmes ont des concepts opposés aux vôtres. En prouvant quelque chose à ces gens, vous gaspillerez de l'énergie pour rien. Ils ne vous comprendront jamais, c'est pour cette raison qu'on dit « Ne jetez pas vos perles devant les pourceaux ».

Question: Je ne peux pas accepter que les Systèmes supérieurs positifs aient un contrat avec le système négatif du Diable.

Réponse: Cette question ne doit pas être abordée du point de vue de la religion, il faut l'examiner du point de vue de la science et de la philosophie. Justement dans le livre "Le nouveau modèle de l'univers" nous parlons de l'évolution, qui génère des Systèmes négatifs.

L'évolution est construite sur des courants positifs et négatifs. Ces pôles sont présents littéralement partout, la différence entre eux réside dans la différente expression. Même dans votre corps physique, il y a des flux énergétiques positifs et négatifs du yin et du yang. Dans votre âme, cette opposition est obligatoirement présente en tant qu'énergies positives et négatives. Et à cet égard, on peut dire de manière symbolique que le diable est à l'intérieur de vous. Cependant, il est faible chez certains gens, mais il est plus fort chez les autres.

Chaque homme a commis autrefois de mauvaises actions, des péchés, et ils se sont gravés dans l'âme sous une forme négative. Une grande partie de ce que l'homme fait - et il lui semble qu'il fait du bien - se transforme en mal, parce que l'homme ne comprend pas encore les vérités supérieures. Par exemple, il donne l'aumône à un sans-abri, et ce dernier épargne une somme nécessaire et la boit, en se détruisant par le fait même. La question se pose: est-ce que celui qui donne de l'argent fait du bien ou du mal? Puisqu'en effet, il tue cet homme dégradé à petites doses. Autrement dit l'individus qui fait la charité a des idées déformées de la bonté, car pour sauver un mendiant, il faut lui donner le travail, garantir le logis et chaque jour lui apprendre comment il convient de vivre dignement. Et c'est déjà un travail énorme, dont celui qui donne l'aumône n'est pas capable.

Nous devons nous rappeler que l'armée qui défend le pays, tue l'ennemi. Et si une guerre se déclenche, en défendant votre maison, vous commencerez aussi à tuer, en vous cachant derrière des idéaux élevés et en utilisant les méthodes du Diable. Bien que les Suprêmes ne tuent pas, ils utilisent d'autres méthodes pour faire valoir leurs droits. Cela peut être une neutralisation temporaire de l'ennemi, la persuasion, des influences économiques et ainsi de suite.

Il est nécessaire de comprendre quels processus dans le cosmos réalise le Hiérarque positif – le Dieu, et lesquels sont effectués par le Hiérarque négatif - le Diable. Ce dernier, par exemple, est chargé d'un sale travail, en nettoyant l'espace cosmique des «déchets», il s'occupe du décodage et de la collecte des âmes après la mort des gens. Le Dieu n'envoie pas ses individus positifs à ces travaux sales, mais utilise les individus du Diable. Les gens sont habitués au fait que le Diable et ses subordonnés tuent seulement, mais lisez attentivement nos informations et vous comprendrez qu'Il fait beaucoup d'autres travaux qui ne sont pas intéressants pour l'homme positif, mais qui est nécessaire au cosmos.

Notre monde ne peut exister sans les signes positifs et négatifs. Par conséquent, il est nécessaire de conclure un contrat. L'essentiel est de ne pas commettre les mauvaises actions, les gredineries, qui sont indésirable pour notre Dieu. Et il est important également pour vous de ne pas contracter avec le Diable, à cause de la poursuite des plaisirs et des divertissements. Après tout, tous les plaisirs viennent du Diable, donc quand l'homme paie de l'argent pour eux, de ce fait il conclut un mini-contrat avec le Hiérarque négatif.

Question: Tous vos livres disent qu'il y a le karma. C'est une punition pour certains péchés. Que pensez-vous de ces gens qui font guérir leurs maladies et qui, de ce fait, repoussent le travail avec le karma ou même changent leur destin?

Réponse: Maintenant, à la fin du développement de la cinquième race, de nombreuses maladies humaines apparaissent souvent pas comme une punition, comme le karma, mais parce que l'enveloppe physique de la cinquième race donne des disfonctionnements génétiques. De ce point de vue, la guérison ne viole pas les lois.

Le guérisseur, le médium doivent savoir si l'homme a une maladie karmique ou non. Si la maladie est donnée par le karma, il n'a pas le droit de la soigner; si c'est un disfonctionnements du code génétique, la guérison ne se répercute pas sur le karma du guérisseur. Si le médium est allé contre le karma de l'homme, il l'a fait guérir pour une certaine période alors, premièrement, il est pénalisé lui-aussi; deuxièmement, cette maladie est reportée soit à la fin de la vie d'une personne, soit dans la vie suivante. Par conséquent, une telle guérison sera imaginaire. S'il faut travailler certaines énergies à travers la maladie, et si l'homme ne l'a pas fait au cours de sa vie, il n'a pas enduré, alors il sera forcé de les travailler lors de sa prochaine réincarnation. Donc, avant de commencer à soigner, le guérisseur doit connaître les subtilités pareilles du développement.

Cependant, la présence du karma ne doit pas empêcher le guérisseur de prêter à l'homme l'aide possible. Plusieurs guérisseurs refusent immédiatement tout au patient en cas du karma chez lui. C'est faux. Le guérisseur doit aider l'homme, s'il ne peut pas le faire guérir, à passer correctement son karma, et c'est un travail avec la conscience du patient. Si l'homme comprend correctement quelque chose, alors le karma peut être complètement enlevé ou réduit. En outre, le guérisseur est obligé d'atténuer les souffrances de l'homme, si c'est en son pouvoir. S'il lui manque de connaissances ou de potentiel énergétique, il doit dire au patient où il est mieux d'aller pour chercher de l'aide.

Personne n'a le droit d'abandonner un homme malade ou dans le besoin à son triste sort. Si vous ne pouvez pas aider vous-même, dirigez-le à quelqu'un qui pourra l'aider.

Question: Quelle est le sens de la vie de chaque homme, sans prendre en compte le besoin technique du cosmos et de notre Dieu en énergies? Et comment le trouver ? Aucun homme ne veut vivre à vide et tomber dans l'oubli.

Réponse: Parlant d'un point de vue cosmique, le sens de toute vie, pas seulement de l'homme, mais aussi de l'animal et de la plante, consiste en développement. Des positions supérieures l'envisagent comme l'accumulation dans sa matrice et ses enveloppes subtiles d'un volume toujours plus grand d'énergies de divers types. C'est le côté technique du développement, et personne ne peut y échapper.

Mais puisque l'homme a un côté de la vie quotidienne, elle forme le sens de l'existence de différentes manières aux différents moments. Le sens est toujours lié au but de l'existence. Autrement dit, la position cosmique du développement s'exprime à travers les divers objectifs quotidiens et sociaux. Par conséquent, l'homme doit nécessairement se fixer des objectifs et y parvenir.

Chaque Niveau de développement a ses buts, donc ce qui sert de sens de la vie pour un homme, pour un autre, ayant le Niveau supérieur, peut devenir une dégradation. Par exemple, pour une femme, le sens de la vie ne consistera qu'en éducation de l'enfant, et pour une autre - en maîtrise du poste dirigeant. Ou, par exemple, pour un individu bas, un tel but comme construction de sa propre maison sera le sens de la vie, favorisant l'accumulation de certaines connaissances matérielles et de l'expérience de la vie. Et pour une personne de haut Niveau, un tel sens de la vie sera un pas en arrière, parce qu'il l'a déjà passé au cours des réincarnations passées, et il doit se fixer des objectifs plus élevés, par exemple faire ses études à l'institut ou acquérir en perfection toutes connaissances spirituelles.

Autrement dit, **le sens de la vie est toujours en développement, ce qui se manifeste dans la fixation par l'homme de tout but et dans sa réalisation.** En même temps, il faut se donner de nouveaux objectifs sans arrêt après avoir atteint les précédents. Dès qu'un objectif est réussi, il est nécessaire de fixer d'autres objectifs, dans ce cas l'homme se sentira toujours un intérêt pour la vie et comprendra que le sens de la vie est une ascension éternelle dans l'évolution.

Question: La vie a-t-elle un sens en général? L'homme vit, meurt, se réincarne, traite des énergies. Est-ce que ce n'est pas trop ennuyant?

Réponse: L'homme s'ennuie quand il cesse de se donner des objectifs et d'y parvenir, quand il s'arrête dans son développement. La dégradation est toujours accompagnée par l'ennui, l'apathie, donc, afin de changer radicalement ce moment dangereux, menant l'homme à la dépression, il est nécessaire d'éclairer son chemin avec un nouveau sens de la vie, c'est-à-dire, de fixer le prochain objectif. Quand l'homme étudie quelque chose, apprend quelque chose, effectue des actions qui mènent à la réalisation du but, sa vie devient intéressante et belle. Par exemple, l'artiste planifie de dessiner un tableau: il construit une composition, il est complètement absorbé de la création de son éventail de couleurs. Pour lui, le monde extérieur cesse d'exister. Pour un certain temps, il n'est plus intéressant au peintre, car ce dernier est tout à son travail. C'est un exemple du fait comment tout bon objectif peut emporter un homme et remplir sa vie de sens. Tout travail effectué avec amour donne un sens à la vie de l'homme.

Quant au sens plus profond, il vient de ces Buts que le Dieu fixe à un homme. Pour comprendre, il est nécessaire d'étudier nos informations données dans une série de livres "Au-delà de l'inconnu".

L'essentiel est de comprendre que le sens de la vie n'est pas de vivre pour soi-même, mais de vivre pour les autres. C'est la loi fondamentale du cosmos.

Question: Pourquoi y a-t-il tant de souffrance et d'injustice sur la Terre?

Réponse: La cause principale des souffrances de l'homme réside dans l'atrocité et la stupidité de ses actions. Certains détruisent tout, d'autres restaurent ; certains se livrer aux pires excès, d'autres souffrent de ces abominations. Les origines de toutes souffrances sont dans l'homme lui-même. Prenez la famille. Si la femme a un Niveau de développement élevé et le Niveau de son mari est bas, le but de la femme est d'empêcher l'homme de se dégrader. Et, bien sûr, chaque honnête femme essaie de garder son mari dans la mesure de la convenance. Et il sera toujours séduit par toutes sortes de tentations: il veut boire, puis se battre, puis regarder le spectacle immonde. Et toutes les souffrances de la femme (ou de l'homme, s'il a une femme basse) proviendront des mauvaises actions du mari ou des enfants bas.

Si l'homme n'est pas lié à la famille, mais souffre, alors ses souffrances résulteront du mauvais comportement du patron qui donne le travail, de l'attitude injuste de ses collègues et ainsi de suite.

C'est-à-dire, toujours dans les souffrances d'une personne, l'autre est coupable, parce qu'il distribue incorrectement des biens, de l'argent, il règle à tort certaines situations. Par conséquent, pour devenir heureux, tous les gens doivent apprendre à résoudre toutes situations correctement, équitablement, en droit.

Et encore une raison de nombreux malheurs humains est le manque d'unité entre les gens, leur désunion permanente, le désir de se retirer, de s'isoler, de ne pas voir ou entendre les autres. Bien que cette raison puisse être qualifiée comme une variante particulière du mauvais comportement de l'homme. Mais nous le distinguons séparément, puisque l'unité a une grande importance pour la prospérité de toute société moderne, aussi bien que pour tout Système hiérarchique du Dieu.

Question: Comment l'homme peut-il devenir heureux?

Réponse: Pour cela, il faut que chacun change son comportement pour le mieux, apprenne, comme il est mentionné ci-dessus, à vivre et à agir correctement dans des situations. Pour contrôler la justesse de ses actions, l'homme a reçu l'art et la religion, qui doivent l'apprendre à ce qui mène vers le bien, et ce qui provoque le mal, ce qui élève l'âme et ce qui la fait tomber bas. L'homme prend parfois pour le bonheur la tranquillité, une vie bien repue et prospère. Mais c'est faux.

L'homme doit apprendre à être heureux, c'est-à-dire à apprendre à être dans le juste et à chercher le bonheur dans la réalisation du but. La capacité de résoudre correctement les situations le sauve des mauvaises conséquences dans l'avenir et des châtiments karmiques, et la réalisation de l'objectif remplit la vie d'une sensation joyeuse de l'évolution de la vie, de son sens. Aller vers le but et obtenir satisfaction de sa réalisation sont une expression du sentiment de bonheur.

Mais l'homme ne peut pas être heureux tout le temps. L'objectif qui a été atteint cesse de réjouir, donc les objectifs changent et les raisons du bonheur changent. Il ne faut pas également oublier que le bonheur est toujours dans l'union avec d'autres gens proches de vous.

Question: Pourquoi les Suprêmes ne pratiquent pas la réunification des contactés pour obtenir plus de confiance dans les informations qu'ils donnent? Souvent, elles ne coïncident pas.

Réponse: Les contactés ne sont pas envoyés pour former des clans spéciaux, mais pour transmettre des informations importantes aux gens qui se trouvent dans différentes parties de la Terre et pour les réunir grâce à une nouvelle énergie.

Si tous les contactés sont réunis à la fois dans une zone de la Terre, alors une seule nation recevra leurs informations. De tels exemples existent déjà. Les gens ont reçu des supra-connaissances et ont essayé de les isoler, de les utiliser à des fins personnelles et de ne pas les transmettre aux autres.

Maintenant, il s'agit du transfert de l'ensemble de l'humanité à un Niveau de développement plus supérieur, de ce fait, l'information, et donc l'énergie qu'elle véhicule, doivent être répartie entre le plus grand nombre possible de personnes. Cela favorisera la propagation de la nouvelle énergie à travers toute la Terre.

Même technologiquement, l'énergie ne peut pas être descendue seulement dans un seul point de la planète, elle doit être répandue partout de manière homogène. Par conséquent, les contactés ont été dispersés à travers toute la Terre, ou plutôt placés dans les zones qui sont prêtes à la réception de nouvelles énergies. À travers les contactés et les médiums, on transfère l'énergie vers la Terre et vers les hommes, mais cette énergie sera de Niveaux différents, tout comme les individus à travers lesquels elle est transmise. Les contactés de plusieurs Niveaux parleront des mêmes choses différemment, comme pour la première année d'études et pour la dixième.

Les contactés de différents niveaux rassemblent autour d'eux les gens conformément à ces Niveaux. L'information attire les gens du Niveau qu'ils ont atteint. Ainsi, on teste des gens et on les divise selon le degré de développement. Si l'homme reconnaît une certaine information, cela signifie qu'il correspond à son Niveau.

Les contactés de Niveaux différents ne peuvent pas se référer à l'information de l'autre, car un contacté de Niveau bas ne comprend pas généralement un contacté élevé, c'est-à-dire, il ne comprend pas son information et ne sait pas comment la rendre cohérente avec la sienne. De même, l'enseignant de l'école maternelle ne comprendra pas l'enseignant de l'institut et ne pourra pas utiliser ses connaissances dans sa mission.

Pourtant le contacté supérieur est obligé de comprendre l'information du contacté inférieur et de voir le taux de sa fiabilité. Cependant, il n'a pas besoin des informations des contactés inférieurs, puisque son travail consiste à donner des informations plutôt complexes que des simples et partiellement déformées. De plus, toutes les informations nécessaires sont contenues dans la sienne, exprimées plus précisément et de ce fait étant différentes des autres.

L'ÉNERGIE DE L'HOMME

Question: Dans vos livres vous mentionnez souvent des exercices de respiration. Comment sont exactement ces exercices?

Réponse: Les exercices de respiration sont tous bons, mais chaque personne a son propre signe du zodiaque, et chaque signe zodiacal a son propre rythme, donc, il fait déterminer en conformité avec votre signe du zodiaque quels exercices sont les meilleurs pour vous. Ces méthodes existent et continuent leur effet de soins, de ce fait il est indispensable de les retrouver et s'en servir. Nous n'inventons là-dedans rien de nouveau.

Question: Est-il possible de définir individuellement un Niveau personnel?

Réponse: Oui. Une étude attentive de nos informations permet à l'homme de comprendre à quel Niveau il appartient lui-même et à quelles de Niveau sont des autres personnes. Cela peut être déterminé en fonction des actions, de certaines qualités particulières. Certes, cela ne sera pas exact à l'unité près, mais au moins en termes généraux, il faut savoir où vous êtes par rapport aux autres: ci-dessus, ci-dessous, ou au milieu. Il convient de comparer, de rapprocher, d'étudier soigneusement nos informations.

Seul un grand fonds de savoir transforme l'homme d'un aveugle en voyant. Il commence à voir ce qu'il n'a pas vu auparavant: il commence à distinguer le positif et le négatif, le haut et le bas. Il suffit d'analyser deux actes pour voir l'homme, son Niveau. Bien sûr, sans concret, mais vous pouvez apprendre à diviser les gens au moins en trois catégories : à nouveau bas, moyen et élevé. Et il est également important d'apprendre à distinguer les individus positifs et les négatifs, et distinguer parmi les négatifs ceux qui appartiennent au Dieu et au Diable.

Les âmes les plus jeunes ressemble à des animaux. Certains d'entre eux peuvent être agressifs, d'autres - gentils, cela dépend du fait à travers quels animaux ils ont passé dans le développement précédant. Les âmes de niveau bas se développent souvent dans l'environnement des ouvriers et des paysans, bien qu'il y ait parmi elles des âmes élevées, guidant certains groupes et groupements de jeunes âmes. C'est une autre question si, par exemple, une famille riche reçoit une jeune âme. Il y a des âmes jeunes et pures, et il y en a parmi elles stupides et agressives. Ils accumulent certaines qualités. Dans ce cas, il est difficile de déterminer le niveau de leur développement, car ces personnes maîtrisent les bonnes manières. Ils sont influencés par l'élément de l'éducation. Et ils sont si habitués à l'atmosphère de l'homme, que cela crée des difficultés lors de la détermination de leur Niveau. Cependant, l'inclusion du fait du rapprochement et de la comparaison de leurs capacités permet de les placer au Niveau auquel elles appartiennent.

Les gens de haut niveau sont encore peu nombreux sur la Terre. Dans la masse générale, pas plus de 10 pourcents du nombre total de l'humanité actuelle ont atteint le 40ème niveau. Donc, comptez que la masse principale des gens ne se situe pas au-dessus du 30ème Niveau.

Cependant, ceux qui guident une masse de gens ou effectuent un travail public sont déjà des âmes de haut niveau. Mais haut signifie qu'ils ne dépassent pas 30 – 40ème Niveau. Et ils doivent encore traverser 60 Niveaux dans la civilisation humaine pour arriver à la première marche de la Hiérarchie du Dieu. Nous pouvons déterminer le degré de développement d'un individu seulement dans la limite de ces quarante Niveaux. Par conséquent, si on dit à quelqu'un qu'il a un niveau élevé, alors il est monté au 30ème Niveau ou l'a dépassé légèrement, mais cela ne peut pas être perçu comme une étape après laquelle l'homme peut déjà entrer dans la hiérarchie du Dieu.

Question: Et par quelles méthodes techniques est-il possible de déterminer le niveau? Par exemple, à l'aide d'un cadre ou d'un pendule?

Réponse: Oui, c'est possible. La méthode de biogéologie permet de le faire si l'homme sait travailler avec un cadre ou un pendule. En posant des questions, vous pouvez obtenir l'information dont vous avez besoin. C'est-à-dire, si vous êtes intéressé au Niveau sur lequel vous êtes à ce moment, prenez le cadre et posez la question "Quel est mon Niveau?". Comptez: 5, 10, 15, 20, et quand vous remarquerez que le cadre a tourné, alors ce sera votre Niveau.

Question: Comment définir si vous posséder un grand volume énergie ou petit?

Réponse: Savez-vous comment tester votre énergie? Mettez sur une paume droite (le long de sa longueur) toute coupure d'argent et imaginez que vous la pliez. Elle commencera à se plier.

Plus le recourbement est important, plus d'énergie l'homme émet. Si elle reste dans le même état, cela signifie que: soit l'homme ne sait pas gérer par la pensée son énergie, soit il n'en a pas beaucoup, c'est-à-dire son potentiel énergétique est faible. C'est un moyen primitif, mais tout de même un indicateur des capacités extrasensorielles d'une personne. Si quelqu'un peut mentalement tourner la coupure en tube - c'est plus que suffisant.

Question: De quel métal et de quelle taille devrait être le cadre pour la biogéologie, et qu'est-ce qui peut être déterminé avec son aide?

Réponse: Le cadre pour la biogéologie peut être en laiton, en cuivre, en acier nickelé. Sa poignée doit être égale à 10 centimètres, deuxième côté, s'il est en L renversé, - à 20 cm, le diamètre de la tige est de 2-3 mm. A son bout, il peut y avoir un anneau pour concentrer l'énergie, mais vous pouvez vous en passer.

Le cadre pour la biogéologie définit plusieurs choses : les zones positives et négatives dans l'appartement ou dans la rue, il détecte l'eau ou une rupture de tuyau sous la terre, il peut aider à chercher des minerais utiles et en fait - tout objet. Il mesure également les champs des icônes, le biochamp de l'homme, des arbres, des animaux. Sur la photo d'une personne, vous pouvez déterminer par le cadre s'il est vivant ou mort, etc.

Question: Est-il possible d'obtenir toute information à l'aide d'un pendule?

Réponse: Non, le pendule permet apprendre seulement des informations limitées, il fonctionne principalement sous la forme de confirmation de quelque chose (« oui ») ou de négation (« Non »). Il est clair qu'il ne peut donner aucune information détaillée. En parlant de sa capacité de confirmer la véracité de toute information ou de signaler son inexactitude, alors il peut le faire. Mais tout dépend du niveau d'expérience de l'homme qui travaille avec lui.

Question: Certaines personnes affirment qu'à travers le pendule nous parlons à notre subconscient. Est-ce vrai?

Réponse: L'homme ne parle pas avec son subconscient, mais avec son Enseignant céleste - le Déterminant. C'est Lui qui lui dit "Oui" ou "Non". L'homme pose une question à l'Enseignant, et Il y répond à travers le système de communication convenu qui a été choisi par eux. Certaines personnes parlent à leur Enseignant à travers la Bible: ils posent une question et reçoivent la réponse à travers les textes de la Bible. Nous l'avons essayé et il est avéré très intéressant, mais pour comprendre ces réponses il faut impliquer la compréhension des textes allégoriques et le savoir de les réunir avec votre propre situation.

Le degré de l'exactitude des réponses lors du travail avec le pendule et la Bible dépend du niveau d'expérience de l'élève dans cette affaire. Donc, à condition de la volonté et des entraînements fréquents, vous pouvez apprendre les deux moyens. Pour cela, il faut poser plus souvent des questions et vérifier l'exactitude ou l'inexactitude des réponses.

A travers le pendule le Déterminant de l'élève établissent une sorte de contact tangible, à savoir, à travers le pendule, l'élève peut voir de ses propres yeux la réponse de son Enseignant. Mais comment le Déterminant influence le pendule, ce sont ses mécanismes de manifestation de ses réponses dans le monde physique. Quand il punit son élève, par exemple, sous forme d'une chute et d'un bras cassé, c'est aussi le mécanisme de Son impact sur l'élève dans le monde terrestre. Mais Ils ne divulguent pas ces mécanismes.

Quant à la subconscience, elle fournit des informations sur le passé et elle forme votre chaîne logique générale, le degré de développement de votre intelligence, et elle éduque, par conséquent, votre capacité à comprendre le présent et de s'en servir pour votre usage personnel ou votre propre sécurité. La conversation avec votre propre subconscience ressemblerait à une conversation avec vous-même, c'est-à-dire, cela nécessiterait une sorte de dédoublement de la personnalité. Et ce n'est pas ce qu'il faut. Ainsi, le pendule vous permet de communiquer avec votre Enseignant, et pas avec la subconscience.

Question: Est-il possible d'apprendre en utilisant le pendule le nombre de réincarnation ou si vous avez une âme cosmique, de préciser les chiffres, les dates des événements passés ou futurs?

Réponse: Vous pouvez apprendre, mais l'exactitude des réponses dépend de la qualité du lien entre vous et votre Déterminant. L'accès à l'information qu'Il a dans son monde subtil a également l'importance. Donc Il connait, bien entendu, le nombre de vos réincarnations ou l'information si vous êtes une âme cosmique et pour la première fois sur la Terre. Mais les chiffres ou les dates de l'avenir peuvent ne pas faire l'objet de la divulgation, et les Déterminants le savent.

Il n'est pas permis de dire tout aux gens. Les messages sur les dates ne sont pas confiés qu'aux quelques envoyés et clairvoyants. Toutes les dates sont gérées par un Département céleste spécial, chargés des événements sociaux. C'est une grande instance, et pas tous les Déterminants simples n'y ont accès. De la même façon, l'homme n'a pas d'accès aux milieux gouvernementaux et prend connaissance de la prise de toute décision générale d'Etat, seulement après sa publication.

Par conséquent, l'Enseignant n'a pas le droit de dire à son élève plusieurs dates exactes pour ne pas influencer la solution des tâches que l'élève doit résoudre lui-même. Cependant, le Déterminant peut d'une manière allégorique donner à son élève quelques inspirations pour qu'il apprenne à réfléchir et à comparer. Donc, le Déterminant peut divulguer la date des événements futurs s'il a une autorisation de l'Au-delà.

Quant à la précision des dates des événements passés, afin de pouvoir confirmer quelque chose, il doit être capable de réconcilier les dates acceptées par l'humanité et les programmes qui existent chez Eux dans les sphères supérieures. Il ne faut pas oublier que le temps de l'homme ne correspond pas au temps qui passe à l'Au-delà, il est donc toujours difficile pour les Déterminants de parler du temps, des dates. Les événements se déroulent chez Eux pas dans le temps, mais selon un autre principe. Il ne faut donc pas oublier ce courant de temps incomparable Au-dessus et Au-dessous, ce qui rend difficile la possibilité de nommer les dates exactes. Tout est exprimé chez eux pas en termes du temps, mais d'une manière différente. Par conséquent, toutes les dates seront fausses, sauf celles qui sont données aux gens à qui cela est confié en tant que mission, en tant que programme spécial.

Question: Certaines personnes croient que les forces "sombres" peuvent agir à travers le pendule. Est-ce possible?

Réponse: Bien sûr. Les Essences négatives, c'est-à-dire les individus travaillant sur le plan subtil pour le Diable peuvent intervenir dans toute la connexion avec le monde subtil. Les âmes des personnes qui viennent de mourir sont également capables de l'affecter. Et même les extraterrestres qui sont dans une autre dimension peuvent vous faire une farce, en exerçant une influence sur votre pendule. Par conséquent, avant de communiquer avec votre Déterminant par le biais d'un pendule ou de toute autre manière, il faut nettoyer le canal, mettre une protection sur vous-même et sur les moyens de communication. Donc, afin de savoir si la réponse est vraie ou fausse, il convient d'impliquer votre propre logique et l'analyse de ce qui se passe.

Question: Est-ce que mon Enseignant direct peut me communiquer quelque chose concernant d'autres personnes?

Réponse: Cela dépend également de Son rapport avec les Déterminants qui sont responsables des gens qui vous intéressent. Pas tout Enseignant ne divulguera à quelqu'un des informations sur son élève, car il comprend très bien que cela peut lui nuire.

Généralement, aucune information de plan personnel concernant les élèves n'est divulguée entre les Déterminants. C'est l'éthique cosmique. En outre, c'est une tactique spéciale d'éduquer ses administrés. Il n'est pas permis aux Déterminants d'utiliser les faiblesses des autres administrés pour que dans une certaine situation leur élève gagne ou qu'il puisse d'une façon quelconque utiliser ces connaissances sur une autre personne pour son usage personnel et souvent à des fins mercantiles. Donc, habituellement, les informations sur une autre personne qui est actuellement réincarnée sont fermées.

En ce qui concerne la biographie de la personne du passé, ses données sont aussi maintenues généralement fermé, elles ne sont pas communiquées à tout le monde (et ne sont divulguées qu'aux envoyés-historiens particuliers, aux écrivains, aux scientifiques), afin de ne pas bousculer l'histoire ou une opinion publique arrêtée. Par conséquent, il n'est autorisé à personne de fouiller simplement par curiosité oiseuse, dans le destin de quelqu'un d'autre. Une autre chose, s'il s'agit des recherches sérieuses : historiques, autobiographiques et autres, qui seront utiles à tous. Certains messages sur l'histoire de la vie d'un homme défunt sont faits pour eux. Mais des informations pareilles sont présentées aux chercheurs à travers de certains documents, faits. Tout doit avoir son but.

Les Systèmes négatifs, par exemple, utilisent toutes sortes de faits ou de nouvelles pour les déformer, fausser et dénigrer les bonnes personnes, apporter des malentendus et de la confusion dans les événements. Il faut se rappeler qu'il existe encore des Déterminants négatifs qui veulent aussi recevoir des informations sur des individus positifs afin de transmettre à travers leurs élèves des informations déformées sur une personne, en ternissant sa réputation.

LES ACTIONS DE L'HOMME

Question: Quelles actions de l'homme ou d'autres êtres les amènent-elles dans une hiérarchie neutre?

Réponse: La hiérarchie neutre est un Système médical et un Système d'aide à d'autres êtres, ou plutôt à toutes les formes et États spiritualisés du Dieu et du Diable.

C'est le travail des médecins, des concepteurs d'équipements médicaux, du matériel médical qui y mène du plan humain. Les scientifiques bactériologiques, les chercheurs de la matière biologique, ainsi que les personnes qui veulent aider les autres, sauvant ceux qui sont tombés non seulement dans une catastrophe, mais aussi dans toute situation psychologique difficile sont distribués dans ce système. C'est-à-dire les psychologues qui veulent sincèrement soutenir moralement une personne qui l'aide à sortir d'une situation difficile peuvent aussi s'y développer, mais c'est déjà à leur volonté. Ils peuvent continuer à se perfectionner dans la hiérarchie du Dieu dans une autre qualité. Il existe plusieurs types d'aide à l'homme et aux autres êtres. Les gens qui se battent pour les droits des animaux et d'autres êtres peuvent aussi y parvenir.

Question: Pouvez-vous définir ma vocation afin que je ne parte dans toutes les directions à la fois? Je suis constamment emporté par une chose ou une autre. J'ai un mari, des enfants. Mais mon mari aime boire, et cela me détourne constamment du travail social. Peut-être il faut l'abandonner? Il me semble qu'il me freine et ne me permet pas de monter haut.

Réponse: Vous posez des questions sur votre vocation et vous demandez des conseils. Quant à la vocation, elle n'est pas découverte à personne. On n'a pas dit même à nous notre mission. Quand nous avons réuni un groupe d'envoyés composé de 13 personnes, un jeune homme a demandé à propos de sa vocation et on lui a répondu le suivant: - "Si Nous vous disons ce que vous devez faire et pourquoi vous êtes envoyés sur la Terre, ce sera une tâche trop facile pour vous d'accomplir votre mission ".

Le sens de n'importe quelle vocation pour l'homme est qu'il doit la sentir par son âme - qu'est-ce qui l'attire le plus pour le bien des gens. Et s'il choisit parmi plusieurs impulsions ce qui correspond à son programme (prédestiné), il a lui-seul trouvé exactement sa vocation et a correctement accompli son programme. Autrement dit, chaque personne doit chercher indépendamment sa vocation avec le maximum de bienfait pour les autres. C'est là que réside l'exactitude de la réalisation de son programme.

Certaines personnes prennent pour leur vocation des séductions et des tentations, et cela témoigne l'immaturité de leur âme et le manque de concepts corrects, donc les Suprêmes enverront à maintes reprises de telles âmes à la réincarnation pour qu'elles apprennent à faire les bonnes actions. L'homme est envoyé sur la Terre pas tellement pour accomplir des missions que pour apprendre à faire les bons actes, les bonnes actions.

Le Dieu accorde une grande attention à l'éducation de l'homme, donc la mission de chaque femme est d'élever ses enfants et son mari, car selon le Niveau de développement les hommes sont plus souvent au-dessous de leurs femmes. Par conséquent, les familles sont créées dans le but d'éduquer l'un l'autre. Et vous êtes obligée, autant que vous en avez la force et la patience, de l'éduquer et de prendre soin de lui.

En plus de cette vocation- éduquer l'inférieur, le maintenir sur le chemin du développement, si la femme sent qu'elle est capable de faire autre chose (ou si la famille ne peut pas satisfaire ses besoins spirituels), elle peut chercher votre but dans le travail public. Pour trouver sa place dans la société, il faut tendre l'oreille à ce qui attire votre âme. En même temps, il est nécessaire de se rappeler que le diable imposera obligatoirement dans vos désirs ses séductions et tentations. (Les hommes sont attirés par la boisson, le tabagisme, d'autres femmes, parce qu'ils prennent les tentations pour l'attirance de l'âme.) Ainsi, en cherchant votre vocation, il est important d'analyser les désirs qui apparaissent dans votre âme. Certains désirs viennent du Diable, d'autres viennent du Dieu. Et ce que l'homme choisit entre eux dépend de lui. Le perfectionnement de son âme consiste en ce qu'il choisit et comment il analyse son choix. Le perfectionnement chez le Dieu passe par le choix. C'est important de s'en souvenir.

Écoutez toujours attentivement votre âme, ses attirances, où elle est attirée. Mais il est mieux de se fixer un objectif et de l'atteindre. L'homme ne trouve sa vocation qu'après des épreuves sévères et franchissement de nombreuses difficultés, malheureusement l'Au-delà ne donne rien de facile pour nous. L'homme avance vers sa vocation en traversant des difficultés incroyables, parfois même en surmontant la mort. Le plus important est de ne jamais perdre l'optimisme et de trouver pour soi-même une nouvelle motivation et de l'intérêt dans la vie.

L'ALIMENTATION ET VOTRE FORME

Question: Pourquoi certaines personnes mangent-elles beaucoup de grasses, farineuses et restent très minces, et moi, par exemple, ne mangeant que des fruits, des légumes, des baies, je prends du poids rapidement en buvant tout simplement des liquides (je ne mange pas du tout du gras et du sel). Qu'est-ce que je pouvais faire de si mauvais dans ma réincarnation passée que je souffre autant?

Réponse: Cette question tourmente actuellement beaucoup de gens sur notre planète. Ce n'est pas une punition, mais les envers du temps présent. C'est une question de votre structure subtile, c'est-à-dire énergétique.

A l'heure actuelle, une énergie très puissante vient de l'espace, et la corpulence de certaines personnes est une défense contre cette énergie. Les gens corpulents sont des conducteurs de puissants flux d'énergie dans la terre. Regardez, en Amérique la moitié de la population sont des personnes dont le poids dépasse cent kilogrammes. Et cela n'est pas autant lié à la nourriture qu'à la transmission de puissants flux d'énergies dans la terre. Plus précisément, dans leur structure le travail de l'enveloppe éthérée est affaibli. Dans le livre des

« Les Révélations du Cosmos » nous avons écrit que la première enveloppe subtile affecte la figure de l'homme, parce qu'elle sert d'une sorte de corset pour le corps matériel. Si l'enveloppe éthérée est forte, elle maintient rigidement le corps dans une forme permanente, et si elle est faible, elle n'est pas capable d'assurer à l'homme une taille constante.

Autrement dit les gens corpulents sont les conducteurs de grands flux d'énergies cosmiques vers la terre, mais elles ne le soupçonnent même pas, et en fait elles accomplissent une telle mission technique.

Une personne mince a un corps éthéré fort, capable de faire face à une énergie puissante.

Certes, ces personnes, dont les enveloppes éthérées sont faibles, ne peuvent pas résister aux puissants flux d'énergie venant du cosmos, et leur enveloppe matérielle s'empâte, perd sa forme. En se protégeant le corps augmente la quantité des cellules graisseuses, qui accumulent l'énergie excédentaire en elles-mêmes, en relevant ainsi le potentiel énergétique générale de l'enveloppe matérielle. Chez de nombreuses personnes corpulentes, le potentiel énergétique de l'enveloppe physique est plus élevé que celui des individus moyens et maigres.

Cela aurait été normal, s'il n'y avait pas eu de la mode de minceur. Le Système négatif répand une tendance similaire afin de faire souffrir les personnes corpulentes. Mais il est mieux de changer son point de vue à sa propre corpulence. Certaines personnes parviennent à surmonter leur problème d'excès de poids d'une façon purement psychologique.

Question: A l'heure actuelle, les écarts importants dans la nutrition ont été détecté chez certaines gens: une personne ne mange que de la farine, l'autre se nourrit de la terre crue, la troisième mange la visserie. Quelle est la raison de ces anomalies dans l'alimentation ? Ou est-ce également des expériences ?

Réponse: Oui, ce sont les mêmes expériences qui sont menées avec les praniques. C'est le même Système cosmique qui expérimente. Mais dans ce cas, puisqu'on poursuit les objectifs isolés, elles ne concernent pas un grand nombre de personnes.

À la charnière de la cinquième et la sixième race, on peut voir les choses les plus extraordinaires. Les Suprêmes changent tout, reconstruisent, éprouvent leurs idées et leurs projets. Sur la Terre, tout cela se voit comme une sorte d'anomalies, et l'Au-delà, cela ressemble au travail de la pensée des Suprêmes.

A travers les aberrations dans la nutrition de l'homme, Ils étudient les changements dans les processus chimiques et biologiques dans le corps ; Ils observent comment, lors de l'introduction des éléments supplémentaires dans la structure de l'homme, la digestion des produits les plus extraordinaires et leur assimilation se passe, et comment la matière des différents tissus y réagit. Mais les gens qui ne se nourrissent pas comme les autres sont toujours structurellement différents des autres. Ils ont été modifiés sur le plan subtil ou on leur introduit des mécanismes subtils supplémentaires. Si l'homme ordinaire décide de répéter la même chose, soit il mourra, soit il aura une détérioration significative de la santé.

Mais ces expériences ne sont pas effectuées afin de changer dans l'avenir l'alimentation de l'homme pour le métal ou la terre, on observe l'assimilation de la matière biologique de certains éléments introduits via les processus de la digestion, on étudie les changements dans la qualité de la matière physique de l'homme. Un certain nombre d'objectifs dont nous ne parlerons pas est également poursuivi.

DIVERSES QUESTIONS

Question: Qu'est-ce que c'est l'eau vivante et morte?

Réponse: L'eau vivante et morte est obtenue suite au changement de la charge énergétique d'un liquide. Cela est lié à la pulsation de l'énergie subtile de la Terre. L'eau possède de nombreuses propriétés qui ne sont pas encore découvertes par les gens. L'eau est toujours vivante, car elle appartient à une planète vivante et elle véhicule des informations sur elle, mais la qualité de l'eau change de temps en temps, ce qui est lié au fonctionnement de la planète, à son activité.

Une telle eau ("vivante et morte") ne peut pas influencer la longévité de l'homme, bien qu'elle puisse assainir temporairement. On peut boire de l'eau vivante ou de l'eau morte, mais si le programme court à sa fin, on meurt en pleine santé. La principale pour l'homme est son programme personnel. Il détermine l'étendue de sa vie. Pourtant il est bien sûr intéressant d'étudier cette eau et en termes de la connaissance, elle peut apporter beaucoup de nouvelles informations.

Question: Pourquoi beaucoup de gens répugnent-ils aux arthropodes, en particulier aux araignées? Pourquoi aiment-ils les fleurs mais détestent les araignées? Quelle est la différence?

Réponse: Quand une forme est créée, les Créateurs des formes y mettent obligatoirement certains objectifs. Dans ce cas, les objectifs portent sur l'impact émotionnel sur l'homme. L'objet créé est initialement construit de manière à évoquer chez la personne soit des émotions positives, soit des émotions négatives. Et cela signifie qu'il doit travailler avec certains types d'énergies dans l'enveloppe astrale de l'homme. Par conséquent, l'araignée est créée de telle sorte que sa forme structurelle et son énergie personnelle touche les énergies négatives, formant un sentiment de dégoût, et la fleur est créée de manière à engager un autre spectre d'énergies et à inspirer un sentiment de beauté et d'attractivité. Si une balalaïka est construite d'une certaine manière, elle produit les fréquences acoustiques d'une nature, et le tambour est construit différemment pour produire les basses fréquences du son. De même, les Créateurs Supérieurs savent comment "jouer" sur les émotions de l'homme.

Question: - Que pensez-vous sur les arcanes du Tarot, car je n'ai trouvé aucune information à ce sujet dans vos livres?

Réponse: - Nous ne savons pas beaucoup sur les arcanes du Tarot. Ils ont été donnés pour tout un cycle de développement de l'humanité sur la Terre, c'est-a-dire, pour tous les cent Niveaux de la hiérarchie de la Terre que chaque âme doit passer. En utilisant ces cartes en tant que symboles, l'homme doit impérativement apprendre les codes chiffrés dans ces symboles. Le fait est que chaque carte a son propre code d'information. Une carte juxtaposée à un autre donne un code double pour un volume d'informations plus important. Une combinaison différente de cartes, c'est-à-dire de codes, ouvre à l'homme une nouvelle information. Mais en plus de la maîtrise des codes, l'homme doit avoir une grande réserve de connaissances modernes. Seulement dans ce cas, il pourra se servir des arcanes. Tout nécessite une étude attentive et longue. Il est impossible d'appréhender rapidement quelque chose. Partout il faut aller au fond des concepts.

D'ailleurs, le domino apprend également l'homme sous une forme primitive à assembler correctement des codes. Et les cartes à jouer expriment une hiérarchie simplifiée. Les concepts cosmiques sont présentés à l'homme bas à travers les jeux simples.

Sommaire

La liste des livres
Série « Au-delà de l'inconnu »
Seklitova L.A & Strelnikova L.L

Site : www.6paca-france.com
Mail : 6paca.fr@gmail.com

- ❖ « L'Esprit Supérieur révèle les mystères »
- ❖ « L'Ame et les mystères de sa structure»
- ❖ « Les mystères des mondes Supérieurs »
- ❖ « La vie secrète des Maitres Célestes »
- ❖ « La structure d'énergie d'une personne et de la matière »
- ❖ « Rencontre avec les invisibles »
- ❖ « La création des formes ou bien les expérimentes de l'Esprit Supérieur »
- ❖ « La vie dans un corps étranger »
- ❖ « L'Homme de l'ère du Verseau »
- ❖ «Les perles des vérités Supérieurs »
- ❖ « Le dictionnaire de la philosophie cosmique »
- ❖ « La matrice – base de l'âme »
- ❖ « Le doigt du Destin »
- ❖ « Terrestre et Eternel »
- ❖ « Le feu de Prométhée ou la mystique dans notre vie »
- ❖ « Notre Armageddon »
- ❖ « La philosophie de l'éternité »
- ❖ « La philosophie de l 'Absolu »
- ❖ « L'individuel et l'éternité »
- ❖ « Formation de l'âme ou paradoxale philosophie »
- ❖ « Le nouveau modèle de l'Univers, et le mystère de l'univers, est ouvert »
- ❖ « Les lois de l'univers ou bien les principes de l'existence de l'hiérarchie Divine »
- ❖ « Les mystères du 21ème siècle » (FAQ)
- ❖ « Le mystère de la réalité »
- ❖ « Le chemin de l'inconnu » (FAQ)
- ❖ « Les révélations du cosmos»

- ❖ « Conversation sur l'inconnu »
- ❖ « le mystère à la réalité »
- ❖ « Le Formule de l'évolution »
- ❖ « L'illusion de vérité »
- ❖ «L'homme de la race d'or »

Série « Encyclopédie d'une Nouvelle Ère »
Seklitova L.A & Strelnikova L.L

Section : L'Homme de la sixième race » :
1. « Le création de l'Homme » Tome 1
2. « Le création de l'âme » Tome 2
3. « Le développement de la mentalité » Tome 3
4. « La naissance, la mort et le Karma » Tome 4
5. « L'Amour, la Famille et les Enfants » Tome 5
6. « L'évolution de l'Humain » Tome 6
7. « Le Choix de l'Ame ou bien l'Evolution positive et négative d'une personne » Tome 7
8. « Le Sort, le Destin ou bien le Rôle des Programmes dans l'Evolution d'une personne » Tome 8
9. « La personne extraordinaire » Tome 9
10. « Le nouveau sur la religion » Tome 10
11. « Le genre humain » Tome 11

Section : « La race de la Terre d'or » :
12. «La terre, une planète sage » tome 1
13. «Les mystères du Temps » tome 2
14. « L'univers et ses mondes » tome 3

Série « Magie de la Perfection »
Seklitova L.A & Strelnikova L.L

- ❖ « La Liberté et la Fatalité »
- ❖ « Les leçons Karmiques du Destin »
- ❖ « La Phénomène de l'âme »
- ❖ « Le Grand Passage ou les Variantes de l'Apocalypse »

- ❖ « Les Causes des souffrances d'une personne » (Du livres « Formule de l'évolution «)
- ❖ « 2012, La fin du Monde ou les Prédictions Optimistes » (Du livres « Formule de l'évolution «)
- ❖ « Pourquoi les changements de la Terre » (Du livres « Le Formule de l'évolution »)
- ❖ La Terre – 21 siècle

Série « Spiritualité à Aphorisme »
Seklitova L.A & Strelnikova L.L

Cette série Cette série comprend des livres suivants:
« Facettes du diamant »,
« Blues d'étoile »,
« Miroir de la sagesse »,
« Pétales du lotus »,
« Ode de l'éternité »,
« Sonate de la vérité »,
« Sagesse *à aphorisme* »,
« Vérités éternelles ».